Obst · Reiz der Idee — Pleite der Praxis

Werner Obst

Reiz der Idee – Pleite der Praxis

Ein deutsch-deutscher Wirtschaftsvergleich

EDITION INTERFROM

CIP-Kurztitelaufnahme der Deutschen Bibliothek

Obst, Werner:
Reiz der Idee — Pleite der Praxis: e. dt.-dt. Wirtschaftsvergleich /
Werner Obst. — Zürich: Edition Interfrom;
Osnabrück: Fromm, 1983. Texte + (und) Thesen;
158: Sachgebiet Wirtschaft
ISBN 3-7201-5158-1

1. Auflage — April 1983
2. Auflage — August 1983
Vertrieb für die Bundesrepublik Deutschland:
VERLAG A. FROMM, Osnabrück
Gestaltung: Zembsch' Werkstatt, München
Gesamtherstellung: Druckhaus Fromm, Osnabrück

Inhalt

Die Massen — sie können es nicht fassen

Die wirtschaftliche Situation in beiden Teilen Deutschlands ist seit geraumer Zeit äußerst kritisch, die anstehenden Probleme jedoch sind so grundverschieden, wie sie gegensätzlicher kaum denkbar sind. In der Bundesrepublik türmt die öffentliche Hand bis zum Jahresende 1983 einen Schuldenberg von 700 Mrd. DM auf, und die Haushaltsdefizite wachsen weiter. Die sozialistische DDR hingegen legt einen ausgeglichenen Haushalt nach dem anderen vor. Die öffentliche Hand ist im Inland praktisch schuldenfrei. Nur im Ausland steht die DDR mit 30 Mrd. DM in der Kreide, vornehmlich im Westen, aber auch in Moskau. Insgesamt aber macht Ostberlin, was die Schulden betrifft, einen besseren Eindruck als Bonn.

Gleiches gilt für den Arbeitsmarkt. In der Bundesrepublik ist Arbeitslosigkeit das Hauptproblem, die DDR aber wahrt Vollbeschäftigung, so als könnte ihr die weltweite kapitalistische Beschäftigungskrise nicht das geringste anhaben. Sie läßt sogar, gemessen an unserer Vollbeschäftigung, noch zwei Millionen Menschen zusätzlich arbeiten. Dennoch muß sie momentan eine tiefgreifende Versorgungskrise hinnehmen, obwohl alle verfügbaren Produktionskapazitäten vollständig ausgelastet sind. Hierzulande wiederum liegen erhebliche Kapazitäten brach; dennoch herrscht Überfluß. Die Sorgen der Menschen? Bei uns der Arbeitsplatz, drüben das tägliche Brot, der farblose Alltag, schwere Arbeit — und das Gefühl, eingesperrt und von der westlichen Welt isoliert zu sein.

In keiner Industrienation der Welt treten damit die systembedingten Gegensätze konträrer Wirtschaftsordnungen schärfer zutage als zwischen Deutschland Ost und West. Ihre Ergebnisse sind meßbar, überschaubar, und sie können beurteilt werden. Die statistischen Jahrbücher der Bundesrepublik und weitgehend auch die der DDR machen fast alle erforderlichen Daten zugänglich.

Der deutsch-deutsche Vergleich bezieht sich außerdem auf zwei Staatswesen, deren Menschen, was Geschichte, Kultur und technologischen Standard betrifft, weitgehend gleiche Voraussetzungen hatten, als sie nach dem Zweiten Weltkrieg darangingen, Wirtschaftssysteme aufzubauen, die sich an der jeweiligen Besatzungsmacht orientierten. Die einen skeptisch, aber voller Chancen, die anderen unter Zwang. Beide erreichten dennoch innerhalb der jeweiligen Ordnung ökonomische Spitzenpositionen. In der Rangliste östlicher Planwirtschaften liegt die DDR, was Produktivität und Lebensstandard betrifft, genauso vorn wie die Bundesrepublik auf der Wohlstandsskala westlicher Industrienationen in der Spitzengruppe.

Dennoch existiert ein gravierendes Problem: Der ökonomische Rückstand der DDR zur Bundesrepublik wächst unaufhaltsam! Keine noch so wohlwollende Betrachtung kann daran etwas ändern. Das ist das Kardinalproblem der DDR. Es verhindert die politische Konsolidierung des Staates und macht die „Mauer“ unabdingbar. Über das „Warum“ allerdings kursieren in Ost und West merkwürdige Vermutungen, selbst innerhalb der Bundesrepublik. Dabei könnte die richtige Deutung dieses Phänomens für die Deutschen in mehrfacher Hinsicht eine Chance sein; denn das an-

wachsende innerdeutsche Wohlstandsgefälle wird für die DDR auf Dauer unvermeidbar politische Konsequenzen haben.
Zur Zeit jedoch sind derartige Einsichten noch nicht gefragt. Die Deutschen in Ost und West befassen sich statt dessen mit den Schwachstellen ihrer Volkswirtschaften. Selbst bei 2,3 Millionen Arbeitslosen erschöpfen sich die Bundesdeutschen noch im Verteilungskampf. Die Chance aber, mehr zu investieren und mehr zu schaffen, verbauten sie sich selbst.
Wie gebannt schaut die Nation allmonatlich auf die im Fernsehen verkündeten Arbeitslosenziffern — für die seit 1970 von 10 auf 4 Prozent geschrumpfte Unternehmensrentabilität aber interessieren sich lediglich Experten. Wenn wir ehrlich gegen uns selbst sind, müssen wir eingestehen, daß die deutsche Öffentlichkeit damit die eigentliche Ursache der Arbeitslosigkeit noch nicht einmal kennt. Die große Masse der Bürger — generell aufgeschlossen und gebildet — weiß nicht einmal, was Rentabilität ist. Sie scheint sich dafür auch nicht zu interessieren, obwohl dahinter nur der einfache Dreisatz steckt. Letztlich aber bedeutet dies: Die Nation reagiert sensibel auf Arbeitslosigkeit, sie interessiert sich aber kaum für deren Ursache.
Und nicht nur das; sie folgt in erheblichem Maße jenen, die die vom technischen Fortschritt freigesetzte Arbeit erfolglos in die Volkswirtschaft hineinpressen möchten, obwohl sie dort nicht benötigt wird. Statt Ältere früher in Pension zu schicken, was pro Person jährlich im Durchschnitt 15 000 DM kostet, bleiben Jüngere bei einem sozialen Preis von 25 000 DM ohne Arbeit. Die Politik wird offenbar mit dem technischen

Fortschritt beschäftigungspolitisch nicht fertig, obwohl dies ihre Aufgabe ist. Das Versagen des politischen Managements kostet die Nation momentan jährlich rund 10 Mrd. DM; denn 1 Million Arbeitslose sind um diese Summe teurer als 1 Million zusätzliche Renten.

Das sozialistische Verwirr-Spiel

Nach 34 Jahren sozialer Marktwirtschaft glaubt die große Masse unserer Bürger an den Vorrang von Arbeit — wie Marxisten oder Sozialisten. Für das Hauptmotiv des Wirtschaftens, das heißt für das wichtigste Antriebsaggregat der Marktwirtschaft, Kapitalrentabilität, fehlt jedes Verständnis. Die Einsicht, daß Wachstum, Wohlstand und steigende Produktivität schon lange nicht mehr über Arbeit, sondern ausschließlich über einen wirkungsvollen Einsatz von Kapital zustande kommen, beschränkt sich auf einen mehr oder weniger großen Kreis von Fachleuten.
Willy Brandt, beispielsweise, ließ als Bundeskanzler kaum eine Gelegenheit aus, um gegen das Gewinnstreben der Unternehmer vom Leder zu ziehen. Dabei lernt jeder Student der Volkswirtschaftslehre schon im ersten Semester, daß höhere Löhne, steigende Sozialleistungen und Investitionen nur aus dem Gewinn sprudeln. Helmut Schmidt jedenfalls hatte während seiner ersten Amtsmonate beide Hände voll zu tun: Er zog durch das Land und predigte genau das Gegenteil, um so den ökonomischen Unsinn seines Amtsvorgängers wieder zu tilgen. Heute wissen wir,

daß er letztendlich am sozialistischen Ideengut seiner Partei scheiterte.
Oder nehmen wir die deutschen Gewerkschaften sowie deren ökonomisches Vermächtnis, niedergeschrieben 1981 im neuen Grundsatzprogramm. Dort fordert der DGB die Bundesregierung unverblümt auf, mehr Geld auszugeben, als sie einnimmt. Die gesamte Nation sollte gerade diese Passage in Kapitel 12 nachlesen, damit klar wird, wer die ausufernde Staatsverschuldung samt Staatsverbrauch ideologisch begründet, programmatisch vorbereitet und durch eigene Mitglieder in der Bundesregierung verwirklicht hat.
Während rechtschaffene Bürger glauben, ein Staatshaushalt müsse möglichst ausgeglichen sein und der gesellschaftliche Bedarf sollte sich an den volkswirtschaftlichen Möglichkeiten orientieren, fordern die Gewerkschaften die Bundesregierung ungeniert auf, einfach die Steuern zu erhöhen, wenn das Geld nicht reicht, und außerdem Schulden zu machen. So formuliert im Frühjahr 1981, als die Haushaltsdefizite von Bund, Ländern und Gemeinden auf 70 Mrd. DM zuliefen und der gesamte öffentliche Schuldenberg die 500-Milliarden-Mark-Grenze überschritt.
Das neue DGB-Grundsatzprogramm enthält ungeschminkt die ökonomische Philosophie der Gewerkschaften: Sie reduzieren Wirtschaftspolitik auf Beschäftigungspolitik — ohne nach dem ökonomischen Wirkungsgrad zu fragen. Das ist wirtschaftsfeindlich. Inmitten unserer hochentwickelten Marktwirtschaft kultiviert der DGB eine ökonomische Subkultur, durchsetzt von marxistischem Gedankengut, das nicht nur alle kommunistischen Erfahrungen verleugnet, son-

dern die gesamte Nation benachteiligt. Das ist das eigentliche Fazit dreizehnjähriger Wirtschaftspolitik, die die Handschrift von Sozialisten trug.

Als unsere Ölrechnung 1974 schlagartig um 25 Mrd. DM nach oben kletterte, erzwang die Gewerkschaft „Öffentliche Dienste, Transport und Verkehr" (ÖTV) zum fünftenmal hintereinander eine zweistellige Tarifanhebung mit Signalwirkung für alle. Das brachte allein 1974 einen Lohnkostenanstieg von 51 Mrd. DM.

Als im Krisenjahr 1974 das Bruttosozialprodukt real lediglich um 3 Mrd. DM wuchs, stieg unter der Verantwortung von Sozialminister Walter Arendt, ehemals Vorsitzender der IG Bergbau, der Sozialaufwand um 31 Mrd. DM und im Jahr darauf noch einmal um 45 Mrd. DM. Zwischen 1970 und 1973 hatten übrigens Bund, Länder und Gemeinden fast 400 000 zusätzliche Beamte, Angestellte und Arbeiter eingestellt, so daß die hausgemachte Inflation schon im Herbst 1973 die Verbraucherpreise an die Achtprozentmarke heranführte, also bevor der Yom-Kippur-Krieg die Ölpreise im Januar 1974 explodieren ließ. Kurz: Wir hatten eine hausgemachte Inflation, obwohl wir die Tonne Rohöl noch mit 80 DM frei Nordseehäfen importierten — wie seit 13 Jahren.

Es ist absolut notwendig, daß wir uns jetzt, da die Arbeitslosigkeit auf 3 Mio. zugeht, daran erinnern, wie seinerzeit die erste Million Arbeitsloser entstand: Als die volkswirtschaftliche Leistung 1974/75 in zwei Jahren real um 11 Mrd. DM schrumpfte, legten demokratische Sozialisten in Regierungsverantwortung beim Sozialen 76 Mrd. DM und Gewerkschaftsfunktionäre bei Löhnen 84 Mrd. DM zu, so daß die Rentabilität der

Unternehmen abrupt halbiert wurde. Die Investitionen rutschten ins absolute Minus.

	Bruttosozialprodukt in der Verwendung real	*Privater Verbrauch*	*Staats-Verbrauch*	*Investitionen*
		nominal in Milliarden DM		
1974	3 Mrd. DM	36	27	— 11
1975	— 14 Mrd. DM	49	21	— 10

Helmut Schmidt hat zwar die Gewerkschaften seit 1975 tarifpolitisch gezähmt, aber die von Brandt und Arendt festgeschriebenen überhöhten Staats- und Sozialausgaben vermochte auch er nur noch über 400 Mrd. DM Schulden während seiner Amtszeit zu finanzieren. Das Ergebnis waren noch weniger Wachstum und noch mehr Arbeitslosigkeit.

Es ist dringend notwendig, daß wir beginnen, die Ursachen für unsere Misere im eigenen Haus zu suchen, statt ständig auf das Ausland zu verweisen; denn dort wurden lediglich die gleichen Fehler gemacht. Noch im Frühjahr 1981 begründete die Bundesregierung die schlechte Konjunktur mit einer um 30 Mrd. DM höheren Ölrechnung, doch ein Jahr zuvor hatten die Gewerkschaften die Personalkosten um 64 Mrd. DM aufgestockt. Dies hat die Wirtschaft weit stärker belastet als das Öl; 1981 kamen noch einmal 48 Mrd. DM höhere Personalkosten hinzu. Im Verbund mit hohen Zinsen schrieben die Unternehmen rote Zahlen. Deshalb die extrem hohe Konkursrate und anhaltend steigende Arbeitslosenzahlen.

Beim Anspruchsdenken führt der Staat die Nation an

Zwischen 1970 und 1982 wurden zu große Teile des Sozialprodukts zum Staat, zum Sozialen und brutto auch zum Faktor Arbeit hin verteilt, doch netto blieb infolge Inflation und progressiver Besteuerung für Arbeitnehmer zu wenig übrig. Ausgesprochen schlecht aber wurde das private Kapital bedient. Es wurde folglich nicht von „unten" nach „oben" verteilt, sondern der Staat benachteiligte beide Leistungsträger der Nation, Arbeitnehmer und Unternehmer. Es wurde von „unten" und von „oben" zum Staat hin verteilt. Die nachstehende Grafik bestätigt dies.

Verteilung des Bruttosozialprodukts (Anteile in %)

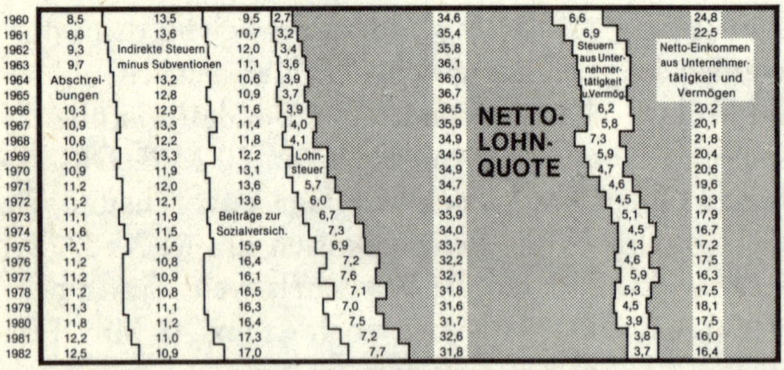

Allein die explodierende Lohnsteuer verkürzte 1981 die Nettolöhne um 36 Mrd. DM. Es handelt sich dabei nicht um die gesamte Lohnsteuer, sondern nur um den Teil, den die Lohnsteuerprogression allein 1981 „wegfraß".

Die Bundeskanzler Brandt und Schmidt machten als Sozialisten den gleichen Fehler wie Kommunisten: Sie „entlohnten" die Arbeitnehmer nicht gut genug, „bedienten" das Kapital extrem schlecht und blähten den Staatsverbrauch überproportional auf! In der Rentabilitätssituation der Unternehmen sind sämtliche sozialstaatlichen Übertreibungen wie von einem Brennglas auf einen Punkt konzentriert. Sie sprechen eine deutliche Sprache.

Eigenkapital-Rentabilität

60er Jahre	10,0 %	1976	9,9 %
1970	9,5 %	1977	5,4 %
1971	7,0 %	1978	6,3 %
1972	7,1 %	1979	6,7 %
1973	8,7 %	1980	5,5 %
1974	6,3 %	1981	4,6 %
1975	5,1 %	1982	4,0 %

Für investiertes Kapital bekamen deutsche Unternehmer immer geringere Zinsen. Während der sechziger Jahre verzinste sich das Kapital noch durchschnittlich mit 10 Prozent, seither ging es immer weiter bergab. Das Interesse, aber auch die Chance, ein Unternehmen neu zu gründen oder einen bestehenden Betrieb weiterzuführen, lohnte sich immer weniger. Die Unternehmer wurden entmotiviert; denn Wertpapiere verzinsten sich im gleichen Zeitraum höher als das produktive Kapital der Unternehmen.

Wer also Arbeitslosigkeit beklagt, sollte der eigentlichen Ursache nachgehen. Es ist die sinkende und mehr als halbierte Kapitalrentabilität in der Großindustrie, bei mittelständischen Unternehmen, im Kleingewerbe und Handwerk sowie in der Landwirtschaft. Sie hat den realen Wert aller Investitionen 1982 auf das Niveau von 1970 zurückgedrängt. Investitionspolitisch findet in der deutschen Volkswirtschaft keine erweiterte Reproduktion mehr statt, es wird nur noch einfach reproduziert. Das bedeutet Stagnation.

	1970	*1982*
Selbständige und mithelfende Familienangehörige	4,4 Mio.	3,2 Mio.
Arbeitnehmer	22,2 Mio.	22,0 Mio.
Erwerbstätige insgesamt	26,6 Mio.	25,2 Mio.
Arbeitslose	0,2 Mio.	1,8 Mio.
Erwerbspersonen	26,8 Mio.	27,0 Mio.

Nur zweihunderttausend Arbeitsplätze gingen seit 1970 für Arbeitnehmer verloren, zweihunderttausend drängten zusätzlich auf den Arbeitsmarkt, und die gleiche Zahl schleppten wir als „Sockelarbeitslosigkeit“ mit. Aber seit 1970 gaben 1,2 Millionen Selbständige samt Familienangehörigen auf, weil es sich nicht mehr lohnte. Sie wurden Arbeitnehmer, verdrängten andere aus der Arbeit — oder sind heute selbst arbeitslos.

Die nachstehende Grafik zeigt, daß weniger der private Konsum die Investitionen drosselt als vielmehr der Staatsverbrauch. Er ist mit rund 3 % überhöht, was ein jährliches Volumen von 50 Mrd. DM ausmacht.

Den nächsten Fehler, den wir folglich machen können: den privaten Konsum benachteiligen, statt rigoros den Staatsverbrauch abzubauen. Alle Anzeichen sprechen bisher dafür, daß die Parteien vorwiegend beim

Verwendung des Bruttosozialprodukts
(Anteile in Prozent) *Exportüberschuß*

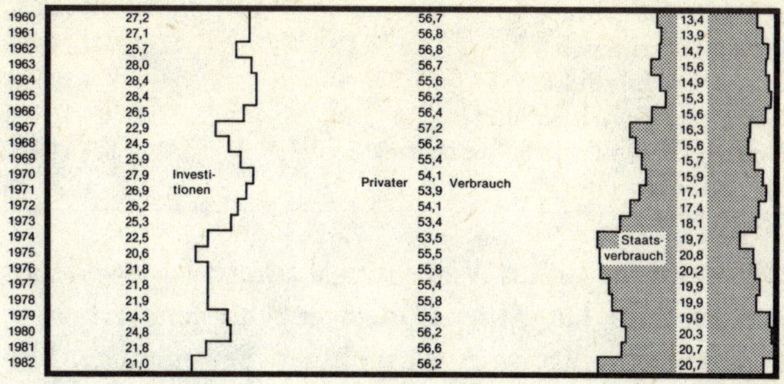

Sozialen kürzen, statt den Rotstift bei den Personal- und Sachkosten der gesamten öffentlichen Hand anzusetzen.

Auf der Basis von 1970 — damals waren wir übrigens auch schon wohlhabend — kann das „Anspruchsdenken" ziemlich genau lokalisiert werden, wenn wir die Veränderungen bis 1982 messen. Dabei liegt der Staat, vor allem mit dem, was er für sich selbst verbraucht, weit an der Spitze.

Wenn Bund, Länder und Gemeinden von jeder Umverteilung entkleidet werden, also von Einnahmen, die an andere wieder verteilt werden, wie Renten, Arbeitslosengeld, Subventionen, Kindergeld, Bafög, Mietzuschüsse und anderes, dann hat sich das, was der Staat selbst verbraucht (Personal- und Sachkosten), um 206 % erhöht. Die Nettolöhne und die Einkommen der Selbständigen nahmen nominal um 118 % zu. Die Investitionen stiegen um ganze 77 %.

Wachstum 1970 bis 1982 (nominal)	
Staatsverbrauch	+206 %
Sozialaufwand	+189 %
Eckrente (40 Jahre)	+146 %
Privater Verbrauch	+145 %
Bruttosozialprodukt	+135 %
Nettolohn je Arbeitnehmer	+118 %
Nettoeinkommen je Selbständiger	+118 %
Investitionen	+ 77 %

Der erste Sieger im Verteilungskampf war zweifellos der Staat. Er hat all jene, die wertschöpfend arbeiten, klar benachteiligt — Arbeitnehmer, Selbständige, Unternehmer, Handwerker und Landwirte. Alles Soziale hingegen wurde großzügiger verteilt, als die Wirtschaftsleistung zunahm.

Seit langem verwirren unsere Politiker die Bürger permanent mit der Finanzierbarkeit der Renten, doch in Wahrheit eilen die Renten sowohl der Wirtschaftsleistung wie den Arbeitnehmereinkommen erheblich voraus. Deshalb sind sie in Kürze nicht mehr zu finanzieren. Einer der Hauptgründe: Der DGB mißbraucht die Tarifpolitik als Vehikel zur Finanzierung der Renten, so daß die Renten in Wahrheit zu Lasten der Unternehmenserträge finanziert werden.

Bei einem realen Wachstum des Bruttosozialprodukts von 30,3 % zwischen 1970 und 1982 stieg die Durchschnittsrente real um 35,6 % an, das Realeinkommen je Arbeitnehmer blieb jedoch mit 20,6 % erheblich hinter der allgemeinen Wohlstandsmehrung zurück.

Wenn wir folglich schnell und dauerhaft aus zu geringem Wachstum samt Arbeitslosigkeit herauskommen wollen, dann müssen wir zwar auch beim Sozialen

streichen, aber der Hauptansatzpunkt für Kürzungen ist der Staatsverbrauch. Denn beim „Anspruchsdenken" führt der Staat die Nation an.
Das strategische Ziel aber, Arbeitslosigkeit zu überwinden und die Realeinkommen der Arbeitnehmer wieder an das Wachstum anzubinden, bleibt die Rentabilität der Unternehmen. Rentabilität ist zwar für eine Nation nicht alles, aber ohne Rentabilität läuft nichts mehr. Gelingt es uns nicht, sie wieder bei durchschnittlich 10 % zu stabilisieren und die festverzinslichen Wertpapiere deutlich darunterzudrücken (was nur gelingt, wenn Bund, Länder und Gemeinden weniger Schulden machen und sich vom Kapitalmarkt zurückziehen), bleiben alle Bemühungen und Hoffnungen ohne durchgreifenden Erfolg. Auch Umweltschutz, Verteidigung und anderes, was wir erstreben und brauchen, wird dann auf der Strecke bleiben.
Zur Erreichung dieses Zieles, die frühere Dynamik der Wirtschaft zurückzugewinnen, haben wir noch eine außerordentliche Chance, die bisher noch kaum im Gespräch ist — nämlich Milliardensummen zusätzlich in die Unternehmenserträge hineinzuschleusen, und zwar nicht zu Lasten der Arbeitnehmer, sondern zu Lasten des Staates.
Das ist möglich, wenn Staatsvermögen privatisiert würde, das die öffentliche Hand zur Erfüllung ihrer hoheitlichen Aufgaben nicht benötigt. Daran sind die Arbeitnehmer zu beteiligen. Die Bundesregierung sollte dazu eine neue „Konzertierte Aktion" ins Leben rufen. Der Verhandlungsgegenstand: zweimal 20 Mrd. DM Lohnsteuersenkung gegen zweimal Lohnpause, finanziert durch privatisiertes Staatsvermögen. Dies

bringt den Arbeitnehmern mehr als jeder Tarifabschluß, stärkt die Unternehmenserträge schnell und wirksam und begünstigt neue Arbeitsplätze. Denn derselbe Staat, der immer nur andere zur Kasse bittet, und zwar stets nach dem Motto „Hier Kürzungen der Leistungen, dort höhere Steuern", dieser Staat ist steinreich, was sein Vermögen betrifft. Er besitzt 36 % des gesamten Nationalvermögens mit 3000 Milliarden DM. Davon ist zwar der größte Teil unverkäuflich, aber allein der gewerbliche Anteil, den er für hoheitliche Aufgaben nicht benötigt, beträgt mehrere hundert Milliarden DM. Davon sollte einiges zu privatisieren sein.

Dazu gibt es zwar erste Ansätze, was jedoch fehlt, ist ein politisches Programm zur Privatisierung von Staatsvermögen, das Arbeitnehmer und Unternehmer politisch zusammenführt, ihre Interessen zu einer marktwirtschaftlichen Strategie bündelt. Allein dieser marktwirtschaftlich äußerst schnell wirkende „Kunstgriff" kann die Rentabilität wieder auf 10 % anheben und die Arbeitnehmereinkommen netto nominal mit zweimal 4 % ins reale Plus zurückführen. Denn 2,5 Millionen Arbeitslose werden auch im Winter 1983/84 die tarifpolitischen Spielräume erheblich einengen.

Insgesamt führt uns die Analyse jener Faktoren, die für das bundesdeutsche Dilemma verantwortlich sind, zweifellos zur Frage, was in der Wirtschaft Vorrang haben soll — der Faktor Arbeit oder der Faktor Kapital — und wieviel Einfluß dem Staat eingeräumt wird. Allein schon diese Fragestellung führt zu einem überraschenden Ergebnis: Staat und Politik sind, wie in der DDR, auch bei uns hauptverantwortlich für die wirtschaftlichen Probleme. Einziger Unterschied: Die Misere hat drüben weit größere Dimensionen! Bei uns sind es sozialstaatliche Übertreibungen, drüben lähmt Ressourcen-Verschwendung die wirtschaftliche Effizienz, verursacht vom sozialistisch-marxistischen Ideengut. Der gemeinsame Fehler in Ost und West: der Vorrang von Arbeit und die Benachteiligung des Faktors Kapital.

Zwar existieren Unterschiede, aber zwischen sicheren Arbeitsplätzen im Osten und Beschäftigungsprogrammen im Westen sind sie nur graduell. Der Gegensatz von Arbeit und Kapital trennt folglich nicht nur Markt- und Planwirtschaft, er verläuft mittlerweile auch quer durch die Bundesrepublik Deutschland und führt Menschen und Politik voneinander weg. Der deutsch-deutsche Vergleich trifft deshalb auch mitten hinein in den Streit darüber, welcher Weg aus der Arbeitslosigkeit führt — der marktwirtschaftliche oder der sozialistische. Denn Beschäftigungsprogramme, wie sie Gewerkschaften und Sozialdemokraten fordern, oder die Favorisierung der Unternehmenserträge, worauf die Unionsparteien und die F.D.P. setzen, dezentrale Investitionsentscheidungen in den Unternehmen oder staatliche Rahmenplanung mit Investitionslenkung, mehr öffentliches oder privates Eigentum für alle, diese prinzipiellen Fragen zur Wirtschaftsordnung bestimmen den bundesdeutschen politischen Alltag.

Die in der DDR praktizierte Beschäftigungspolitik wird deshalb noch lange nicht zur bundesdeutschen Zukunft; denn weder die Gewerkschaften noch die Sozialdemokraten wollen das planwirtschaftliche

System kopieren. Aber wir sollten wenigstens verstehen, wie es funktioniert und welche Ergebnisse sozialistische Veränderungen in der Bundesrepublik zwangsläufig bewirken müßten.

Die faszinierende Verführung durch Karl Marx

Die ökonomische Philosophie der sozialistischen DDR beruht auf einer Grundidee, die, auf einen kurzen Nenner gebracht, lautet: Zentrale Planung der gesamten Volkswirtschaft mit dem Ziel, die in der Marktwirtschaft auftretenden Kapitalfehlleitungen zu vermeiden — und permanent Vollbeschäftigung zu garantieren.

Mit anderen Worten: Die Produktionsfaktoren Arbeit und Kapital sollen so optimal miteinander verknüpft werden, daß der Kapitalismus in der Leistung übertroffen wird.

Vom theoretischen Ansatz her fasziniert dieses Ziel durchaus. Der Plan soll den Markt aus Angebot und Nachfrage gewissermaßen vorausnehmen, Über- und Unterkapazitäten ausschalten und so die Reibungsverluste verringern.

Außerdem steckt hinter dieser Wirtschaftphilosophie Ostberlins kein Neidkomplex, wie mancherorts fälschlicherweise vermutet, sondern der Wille zur Leistung. Die marxistische Wirtschaftsdoktrin appelliert an das gesunde Volksempfinden für Sparsamkeit und Nutzen; denn wer befürwortet schon Kapitalfehlleitungen und ungenutztes Arbeitspotential? Statt Wettbewerb kommt das Kollektiv-Prinzip zum Tragen. Nicht alle gegen alle oder jeder gegen jeden, sondern alle arbeiten vielmehr im Rahmen eines großen Planes gemeinsam miteinander, was durchaus nicht unsympathisch klingt. Denn das Gerangel zwischen Führungskräften oder ein Verdrängungswettbewerb zwischen Unternehmen erscheint vielen keineswegs nur ideal. Hier finden wir zunächst eine erste Antwort darauf, warum manche Bundesbürger, aber auch viele Westeuropäer, sich immer wieder für sozialistische Veränderungen engagieren, obwohl sie mit bloßem Auge bei Besuchen in Ostberlin oder Leipzig erkennen, daß dort Mangel herrscht.

Aber zur bundesdeutschen Realität gehören Überfluß und Wohlstand genauso wie ungenutzte Produktionskapazitäten. Bei Kohle und Stahl, in der Textil- und Bauindustrie, aber auch anderswo, liegen zwanzig bis vierzig Prozent der Anlagen brach. Raffinerien werden ganz oder teilweise stillgelegt. Das Paradebeispiel für Kapitalfehlleitungen: Überschüssige Chemiefaserkapazitäten wurden abgewrackt. Sie waren erst in den siebziger Jahren ausgebaut worden; jetzt stehen weitere Werke auf der Abbruchliste.

Die deutschen Gewerkschaften brandmarken diese Vorgänge als Kapitalfehlleitungen in Milliardenhöhe, die entstanden, weil Unternehmer mangels ausreichender Übersicht die Aufnahmefähigkeit des Marktes überschätzten. Das Angebot übertraf die Nachfrage.

Noch augenfälliger aber klaffen in der Bundesrepublik Angebot und Nachfrage am Arbeitsmarkt auseinander, und zwar in zunehmendem Maße. Der vorläufige Höhepunkt 1983: 2,3 Millionen Arbeitslose. Neben der bedauerlichen menschlichen wie sozialen Komponente, aus marxistischer und sozialistischer Sicht werden damit rein ökonomisch Ressourcen nicht genutzt bzw. vergeudet, und zwar jährlich in zweistelliger Milliardenhöhe.

Beide, überschüssige Kapazitäten und Arbeitslosigkeit, sind für Marxisten entscheidende Motive für zentrale Planung samt Verstaatlichung. Das private Produktivkapital zu enteignen, wird folglich aus übergeordneten Gesichtspunkten als völlig legitim empfunden und auch so begründet — politisch, ökonomisch und moralisch. Private Unternehmer orientieren sich nun einmal an betrieblicher Rentabilität. Sie würden sich nie widerstandslos staatlichen Planungsdirektiven unterordnen, und ohne vollständige Verstaatlichung kann zentrale Planung nun einmal nicht funktionieren.

Staatskapital, Vollbeschäftigung und zentrale Planung sind folglich die drei wichtigsten Elemente der sozialistischen DDR-Wirtschaft. Sie prägen den Aufbau der Organisation sowie die Prinzipien und Methoden der Führung, sie bestimmen aber auch die Schwerpunkte der Wirtschaftspolitik.

Da nur Arbeit Wert schafft, so lehrte es Karl Marx, fehlt Rentabilität. Die Verwertung des Kapitals, seine Verzinsung, steht nicht im Mittelpunkt der Führung volkseigener Betriebe. Das Kapital ist vielmehr dem Faktor Arbeit untergeordnet. Es soll dem Menschen dienen. Derartig allgemeine Losungen stehen als Motto nicht nur über den Parteitagen der Sozialistischen Einheitspartei Deutschlands in Ostberlin, sondern ebenso auf Transparenten von Parteitagungen aller bundesdeutschen Parteien. Denn wer möchte den

Menschen nicht in den Mittelpunkt der Politik stellen? Doch derartige „Leerformeln“ bringen uns nicht weiter. Sie zeigen lediglich, wie kompliziert es ist, Wirtschaftspolitik zu machen, die für alle oder für die große Mehrheit wirklich human ist. Die DDR jedenfalls begründet mit dem Anspruch, daß Arbeit der dominierende Wirtschaftsfaktor sein soll, eine völlig andere Organisation der gesamten Wirtschaft, weil anders die Dominanz der dem privaten Kapital innewohnenden Kräfte überhaupt nicht verhindert werden kann. Überspitzt ausgedrückt: Sogar das Geld als allgemeinen Wert der Waren empfand sie lange Zeit lediglich als lästiges Überbleibsel aus kapitalistischer Vergangenheit. Nur so ist zu verstehen, daß sie ihre Wirtschaft nicht indirekt reguliert, über Geldbeziehungen samt Zins, Steuern, Gewinn sowie über den Markt, also dezentralisiert mit Wettbewerb und Preisen aus Angebot und Nachfrage. Sie steuert ihre Volkswirtschaft vielmehr direkt von der Zentrale aus, und zwar mit juristisch-administrativen Methoden.

Das Hauptinstrument ist der Plan, und die Planung ist immer doppelgleisig, nämlich wert- und gebrauchswertmäßig. Es wird also außer in Geldmengen auch in Stückzahlen, Tonnen, Metern und Zeiteinheiten geplant. Verbunden war damit die Hoffnung, so könnte man die Arbeitnehmer vor den Unberechenbarkeiten des Marktes schützen, vor Spekulation, schwankenden Wechselkursen und anderen äußeren Einflüssen. Diese Hoffnungen sind zwar schon längst vergangen, aber die dafür geschaffene Organisation besteht noch. Sie ist das einzige, was Staat und Wirtschaft zusammenhält. Sie ist perfekter als in der Bundesrepublik — und sie muß es auch sein.

Die Assoziation allerdings zwischen Preußentum und DDR-Sozialismus besteht lediglich im rein Formalen. Der Geist Preußens ist auch in der DDR verweht. Übereinstimmungen und Ähnlichkeiten existieren nur im rein Organisatorischen. Mehr als zwei Drittel aller Einwohner der DDR sind außerdem Thüringer und Sachsen, die sich von der Mentalität her von Preußen etwa so abheben wie Rheinländer von Westfalen. Selbst die vergleichsweise größere Bescheidenheit und Disziplin der Menschen ist nicht preußischen Ursprungs, es ist vielmehr eine neue, sozialistische Disziplin, der die Menschen unterworfen wurden.

Das Management der DDR: perfekte Hierarchie

Die wesentlichste Frage jeder Organisation ist, wie Aufgaben und Entscheidungskompetenzen angeordnet oder verteilt werden, und zwar um die selbstgesteckten Ziele bestmöglich zu erreichen. Aus dieser Fragestellung haben sich in der DDR-Volkswirtschaft vier Entscheidungsebenen herausgebildet. Daraus ergibt sich, daß die Zentrale nicht alles entscheidet. Sie delegiert vielmehr auf nachgeordnete Einrichtungen. Das heißt, die DDR-Wirtschaft wird geführt oder geleitet durch Management by Delegation.

Die vier Entscheidungsebenen sind:

1. der Ministerrat
2. die Industrieministerien
3. die Kombinate
4. die volkseigenen Betriebe

Die kleinste organisatorische Einheit ist der volkseigene Betrieb. Er wird von einem Direktor geleitet. Rein organisatorisch ist er nach dem klassischen Prinzip der militärischen „Linie“ gegliedert mit vier übereinander gelagerten Entscheidungsebenen: Direktor, Betriebsleiter, Abteilungsleiter, Meister. Vom Direktor bis zum Meister besteht eine durchgängige Weisungs- oder Kommandolinie. Entscheidungen des Direktors gelangen zügig und unverfälscht bis zum Meister und, wenn dies notwendig sein sollte, bis an alle Belegschaftsmitglieder. Die Organisation ist übersichtlich. Es gibt keine Mehrfachunterstellungen, keine Kompetenzüberschneidungen, jeder hat nur einen Vorgesetzten. Alle Befugnisse, alle Rechte, aber auch alle Pflichten sind eindeutig abgesteckt und schriftlich niedergelegt. Manche Führungskraft in bundesdeutschen Unternehmen würde sich die gleiche Klarheit und Eindeutigkeit wünschen, zumindest was das rein Organisatorische betrifft.

Das eigentliche Leitungskollektiv besteht aus den Fachdirektoren für Technik, Produktion, Personal, Vertrieb, Einkauf, Arbeit, Planung und EDV, in der Erweiterung gehören die Betriebsleiter dazu. Innerhalb dieses Gremiums haben alle Mitglieder lediglich eine beratende Funktion. Sie bereiten die Entscheidungen des Direktors vor. Es gibt weder Abstimmungen noch Mehrheitsbeschlüsse. Es handelt sich um typische „Stabsfunktionen“. Gegenüber Betriebsleitern oder gar Abteilungsleitern haben sie kein Weisungsrecht. Ein volkseigener Betrieb wird folglich nach dem Prinzip der Einzelleitung und persönlichen Verantwortung geführt, aber stets mit Beratung im Kollektiv. Kein

Leiter trifft „einsame" Grundsatzentscheidungen. Die Organisation der Leitung verbindet so das Prinzip der „militärischen Linie" mit dem „Stabsprinzip". Es trennt damit Entscheidungsbefugnis klar von Beratungsbefugnis und gewährleistet so eine einheitliche Befehlsgewalt.

Die einheitliche Befehlsgewalt des Direktors hat darüber hinaus eine weitergehende Funktion. Sie ermöglicht die politische Führung der Belegschaft. In volkseigenen Betrieben ist dies sogar die Hauptfunktion eines Direktors. In Zusammenarbeit mit der SED-Parteiorganisation, die in jedem Betrieb besteht, geführt von einem hauptamtlichen Parteisekretär, verknüpfen sich für jeden Direktor betriebliche Fachaufgaben mit gesellschaftspolitischen Aufträgen.

Die Belegschaftsangehörigen sind zu 99 Prozent gewerkschaftlich organisiert. Deshalb gibt es von einer bestimmten Betriebsgröße an einen hauptamtlichen Vorsitzenden der Betriebsgewerkschaftsleitung, kurz BGL-Vorsitzender genannt. Alle Partei- und Gewerkschaftsfunktionäre werden nicht von den Betrieben, sondern von ihren Organisationen finanziert, um deren Unabhängigkeit zu sichern.

Parteisekretär und BGL-Vorsitzender gehören darüber hinaus zum Leitungskollektiv, ohne daß dies irgendwo festgelegt wäre. Sie werden ständig geladen, haben zu allen Sitzungen Zutritt, sind immer präsent. Sie äußern sich zu allen Fragen, haben allerdings keine Entscheidungskompetenz. Kein Direktor kann jedoch ohne ihre Zustimmung wesentliche Aufgaben in Angriff nehmen. So gesehen haben sie im Grunde ein Vetorecht.

Partei und Gewerkschaft bestimmen in den volkseigenen Betrieben mit, weit mehr aber sind sie zur Mitarbeit verpflichtet, und zwar in einem für westdeutsche Gewerkschaften unglaublichen Maße. Sie organisieren alljährlich den sozialistischen Wettbewerb, um die betrieblichen Planaufgaben zu erfüllen und zu überbieten, das heißt, sie spornen die Kollegen an, die nach der Refa-Methode festgelegten Arbeitsnormen noch zu überbieten. Wenn der Krankenstand die Sechs-Prozent-Grenze überschreitet, erinnert der Direktor den BGL-Vorsitzenden an seine Kontrollaufgaben, so daß „Krankfeiern" von den Gewerkschaften selbst unterbunden wird. Über Tariflohnerhöhungen aber entscheidet die Zentrale — das SED-Politbüro, der Ministerrat im Zusammenwirken mit dem Vorstand der Gewerkschaften.
Die nächsthöhere Leitungsebene bilden die „Volkseigenen Kombinate". Sie fassen in der Regel 10 bis 20 volkseigene Betriebe zusammen. Diese Kombinate sind selbst nach Ostberliner Auffassung nichts anderes als sozialistische Konzerne. Sie sind ein neuer Typ des sozialistischen Industriebetriebes und werden von einem Generaldirektor geleitet. Zum Kombinat Carl Zeiss Jena mit 46 000 Mitarbeitern gehören beispielsweise 17 volkseigene Betriebe, die über das ganze Land verteilt sind. Sie produzieren optische Präzisionsgeräte, Magnetbandspeicher, mikroelektronische Anlagen, Brillen, Feldstecher und Jenaer Glas. Sie sind jedoch juristisch nicht selbständig, sondern Betriebsteile eines Großunternehmens, das sich „Kombinat" nennt. Der unmißverständliche Auftrag für die Generaldirektoren: vor allem höhere ökonomische Leistungen erbringen.

Ein Beispiel soll demonstrieren, wie die DDR ihre Industrie nach produktionsmäßigen und territorialen Gesichtspunkten organisiert.
Die gesamte elektronische und elektrotechnische Industrie umfaßt 19 Kombinate mit 287 volkseigenen Betrieben, die 480 000 Mitarbeiter beschäftigen.

Kombinat	*Beschäftigte (in Tausend)*
Carl Zeiss, Jena	46
Mikroelektronik, Erfurt	52
Robotron, Dresden	70
Elektroapparatewerke „Friedrich Ebert", Berlin	33
Elektroenergieanlagenbau, Leipzig	28
Automatisierungsanlagenbau, Berlin	28
Elektrogerätewerke, Suhl	12
Elektromaschinenbau, Dresden	26
Elektronische Bauelemente „Carl von Ossietzky", Teltow	24
Fahrzeugelektrik, Ruhla	12
Kabelwerke Oberspree „Wilhelm Pieck", Berlin	17
Keramische Werke, Hermsdorf	23
Lokomotivbau — Elektrotechnische Werke „Hans Beimler", Henningsdorf	13
Narva „Rosa Luxemburg", Berlin	15
Nachrichtenelektronik, Leipzig	38
Pentacon, Dresden	10
Rundfunk und Fernsehen, Staßfurt	20
Kombinat Fernmeldebau der Deutschen Post	14

Hinzu kommen fünf Außenhandelsbetriebe und acht Ingenieurschulen.
Wie schon die Kombinatsbezeichnungen erkennen lassen, ist damit die Industrie hochgradig spezialisiert und fast hundertprozentig konzentriert. Die volkseigenen Betriebe stehen mit gleichen Erzeugnissen

nicht im Wettbewerb untereinander. Das Topmanagement der DDR-Wirtschaft glaubt vielmehr unbeirrt daran, daß Spezialisierung und Konzentration einen größeren ökonomischen Effekt bringen als die Vielfalt konkurrierender Unternehmen. Es gibt kein Kartellamt, das den Wettbewerb fördert, indem es marktbeherrschende Unternehmenszusammenschlüsse verhindert, vielmehr ist das Gegenteil der Fall. Alle vorgenannten Kombinate sollen nämlich durch eine noch weiter gehende Zusammenfassung einen zusätzlichen Konzentrationseffekt bringen: Sie sind dem „Ministerium für Elektronik/Elektrotechnik" unterstellt. Der unmittelbare Vorgesetzte der Kombinatsgeneraldirektoren ist ein Minister mit Weisungsbefugnis.

Nach diesem Prinzip war die gesamte Industrie 1982 in 226 Kombinaten zusammengeschlossen. Jeweils 10 bis 20 Kombinate gleicher Branchen unterstehen den Industrieministerien für:

— Geologie, das Erdgas und andere Bodenschätze erkundet, aufschließt und fördert
— Kohle und Energie
— Erzbergbau, Metallurgie und Kali
— Chemische Industrie
— Schwermaschinen- und Anlagenbau
— Allg. Maschinen-, Landmaschinen- und Fahrzeugbau
— Werkzeug- und Verarbeitungsmaschinenbau
— Elektrotechnik und Elektronik
— Glas und Keramik
— Leichtindustrie
— Bezirksgeleitete und Lebensmittelindustrie

Wie die Kombinatsgeneraldirektoren für eine Branche sind die Industrieminister für einen ganzen Industriebereich zuständig. Auch für sie gilt das gleiche Führungsprinzip: Einzelleitung und persönliche Verantwortung, aber kollektive Beratung.

Der Ministerrat der DDR

Alle Industrieminister gehören dem höchsten Leitungsgremium der Volkswirtschaft an — dem Ministerrat der DDR. Neben den 11 Industrieministerien gehören dazu 16 Ministerien, die es auch in der Bundesrepublik Deutschland gibt. Darüber hinaus gibt es aber auch solche, die in westlichen Demokratien nicht üblich sind, wie das Ministerium für Staatssicherheit, für Materialwirtschaft, für Außenhandel oder die Staatliche Plankommission, deren Vorsitzender Ministerrang hat.

Ferner gibt es ein Amt für Preise, dessen Leiter Minister ist, eine Arbeiter- und Bauerninspektion, deren Mitarbeiter in den Kombinaten und Betrieben darüber wachen, daß die Gesetze der sozialistischen Moral, vom Individuellen bis zum Finanziellen und Materiellen, eingehalten werden. Es ist im Grund eine „Schnüffelbehörde", die die Topmanager bespitzelt. Der Ministerrat nimmt von dieser Behörde vierteljährlich einen Bericht entgegen.

Die volkseigene Wirtschaft ist relativ korruptionsarm, verglichen mit den Verhältnissen in Polen oder in der Sowjetunion. Selbst das Ausmaß der Wirtschaftskriminalität ist geringer als in der Marktwirtschaft, und gestohlen wird in den volkseigenen Betrieben etwa so-

Ministerrat der DDR

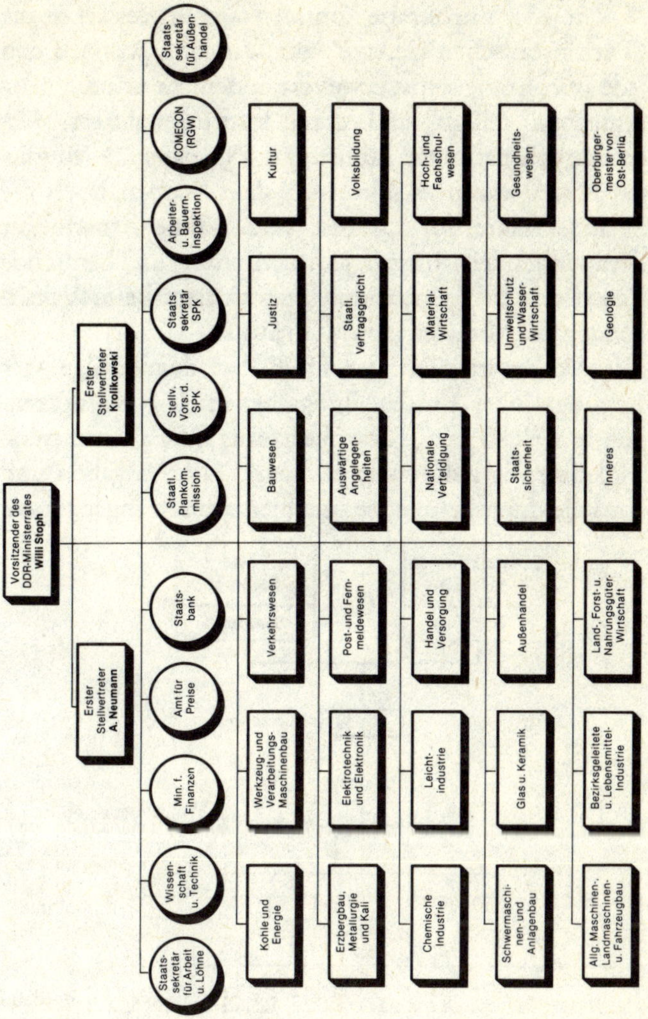

viel oder sowenig wie in privaten Unternehmen der Bundesrepublik. In den letzten Jahren war die Tendenz allerdings steigend.

Wie in jeder Bürokratie kommen auch in der DDR die „Parkinson'schen Gesetze“ zur Wirkung, wonach sich jede Bürokratie selbst erweitert, indem sie ständig neue Aufgaben schafft und diese institutionalisiert. Ursprünglich hatte der Ministerrat 18, später 24 Mitglieder; 1976 waren es schon 42, dann kamen noch die Staatssekretäre für „Arbeit und Löhne“ sowie für „Außenhandel“ hinzu. Jeder Minister hat beratende Funktion, die Entscheidungsgewalt liegt beim Vorsitzenden des Ministerrates, Willi Stoph.

Die Volkswirtschaft der DDR hat demzufolge vier Leitungs- oder Entscheidungsebenen. Die Kompetenzen innerhalb des „Riesenkonzerns DDR“ sind pyramidenförmig aufgebaut, das heißt, alle Aufgaben und Entscheidungsbefugnisse sind hierarchisch angeordnet.

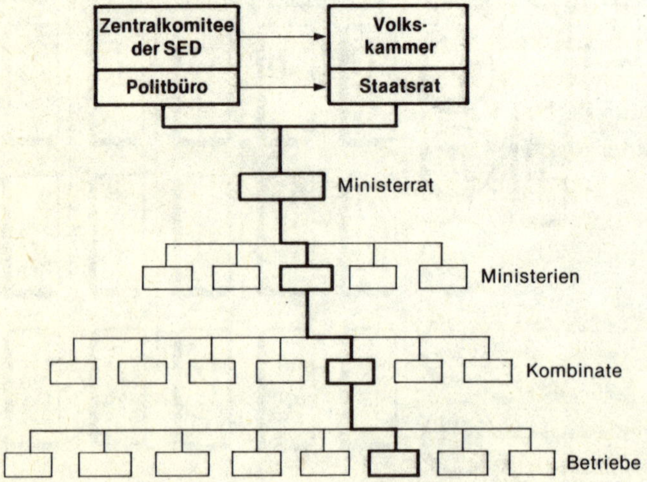

Über alle Leitungsebenen hinweg, vom Ministerrat bis in die volkseigenen Kombinate, aber auch in umgekehrter Richtung existiert ein direkter, zügiger und unverfälschter Informationsfluß. Der Kommandoweg freilich läuft nur von oben nach unten — wie in marktwirtschaftlichen Unternehmen auch. Die Organisation ist übersichtlich gegliedert. Jeder hat nur einen Vorgesetzten. Entscheidungs- und Beratungskompetenzen sind klar voneinander getrennt. Das garantiert eine einheitliche Befehlsgewalt, was für die Funktionstüchtigkeit einer zentralen Planung wesentlich ist.

Preußischer Generalstab plus Lenin

Ob im Ministerrat, in den Ministerien, in den Kombinaten oder volkseigenen Betrieben — überall dominiert das „Stab-Linien-Prinzip". Dieses Führungsprinzip ist keineswegs kommunistischen Ursprungs. Es entstand vielmehr in der preußischen Armee, als diese nach der Niederlage gegen Napoleon reorganisiert wurde. Der Reformator war Scharnhorst. Gneisenau und Blücher haben dieses Führungsprinzip während der deutschen Befreiungskriege 1813—1815 erfolgreich praktiziert. Es entstand aus der Not, weil anders dem militärischen Genie Napoleons nicht beizukommen war.

Blücher war kommandierender General mit letzter Entscheidungskompetenz, Gneisenau bereitete als Chef des Generalstabs dessen Entscheidungen vor. Dieses Führungsprinzip hat Helmut von Moltke als Generalstabschef der preußischen und deutschen

Armee bis zur Perfektion weiterentwickelt. Es trug in den Feldzügen von 1866 und 1870 entscheidend zum Erfolg bei. Um die Jahrhundertwende griff die amerikanische Großindustrie darauf zurück, und später übernahm es von dort die sowjetische Staatswirtschaft.
Die Organisationsprinzipien der Planwirtschaft, aber eben nur diese, sind demnach westlichen Ursprungs. Sie werden ebenso in der Bundesrepublik Deutschland praktiziert. Es handelt sich um die „Führung mit Stäben". Der einzige Unterschied zwischen Deutschland West und Deutschland Ost: In der Bundesrepublik gelten sie nur innerhalb eines Unternehmens, außerdem werden sie sehr locker gehandhabt. In der DDR sind sie über die gesamte Volkswirtschaft verbreitet, und besonders konsequent und erfolgreich werden sie im Partei- und Staatsapparat angewandt.
Die wesentlichen Entscheidungen fallen auf der höchsten Leitungsebene in zwei Gremien. Die Richtlinienkompetenz liegt beim SED-Politbüro. Der Ministerrat hat, obwohl er die eigentliche Regierung sein soll, lediglich durchführende Kompetenz. Das Politbüro der Staatspartei bestimmt gewissermaßen die Unternehmensstrategie der Volkswirtschaft, der Ministerrat führt durch.
Ob vorrangig Wohnungen oder Pkw, wieviel Investitionsgüter für den Export oder für das Inland produziert werden, ob die Produktion von Konsumgütern schneller oder langsamer wachsen soll als andere Bereiche — über diese Proportionen entscheidet das SED-Politbüro, und zwar bevor die eigentliche Planung beginnt, nach politischen Gesichtspunkten ohne Rücksicht auf Rentabilität. Der DDR-Außenhandel hätte

andernfalls eine völlig andere Länder- und Erzeugnisstruktur.
Der Vorsitzende des Ministerrates ist jedoch nicht nur von der Richtlinienkompetenz ausgeschlossen, seine Aufgaben und Funktionen konzentrieren sich auch weitgehend auf die Wirtschaft. Von 44 Mitgliedern befassen sich über dreißig mit ökonomischen Fragen. Genaugenommen ist der Ministerrat mehr ein Superwirtschaftsministerium denn eine Regierung.
Anders als in der Bundesrepublik, wo der Bundeskanzler die Richtlinien der Politik bestimmt, ist der Vorsitzende des Ministerrates lediglich für die Durchsetzung der Parteibeschlüsse zuständig. Internationale Verträge unterschreibt Erich Honecker in seiner Eigenschaft als Vorsitzender des Staatsrates, und er führt auch die notwendigen politischen Gespräche. Der Arbeitsplan des Ministerrates lehnt sich deshalb folgerichtig an den des Politbüros an, das in der Regel jeden Dienstag tagt, also vor dem Ministerrat, der jeweils donnerstags zusammentritt. Jeder Ministerratsbeschluß wird zuvor im Spitzengremium der SED beraten und beschlossen, und die Manager der Partei kontrollieren penetrant, ob und wie der Ministerrat die Parteibeschlüsse verwirklicht.

Wie funktioniert zentrale Planung?

Die DDR-Volkswirtschaft ist offenkundig überzentralisiert. Sie ist eine Bürokratie par excellence — aber dennoch (oder gerade deshalb) straff geleitet. Rein organisatorisch gesehen, hat sie nie versagt. Selbst die vermeintlich größte Schwierigkeit zentraler Planung ist nicht so problematisch, wie mancherorts vermutet. Die Unternehmensstrategien werden in den Kombinaten eigenverantwortlich erarbeitet; in den Ministerien fallen Entscheidungen zur Struktur von Branchen und Erzeugnissen. Die Staatliche Plankommission faßt lediglich alle Einzelpläne zusammen, um Disproportionen zu vermeiden. Die eigentliche Planung findet an der Basis statt, die Zentrale entscheidet über Grundsatzfragen, die allerdings stark ins Gewicht fallen.

Trotz gewisser Abstriche funktionieren volkseigene Kombinate organisatorisch quasi marktwirtschaftlich. Sie schließen Verträge über Lieferungen und Leistungen ab und regeln ihre Beziehungen untereinander — wie marktwirtschaftliche Unternehmen auch. Im volkseigenen Maschinenbau beispielsweise sind Auftragsbestände von ein bis zwei Jahren keineswegs ungewöhnlich. Für Kombinate und volkseigene Betriebe bedeuten deshalb Jahrespläne nichts anderes, als die Auftragsbestände in ein optimales Fertigungsprogramm umzusetzen. Die Planung ist gleitend und orientiert sich an der sich ständig verändernden Auftragslage. Vor allem exportintensive Kombinate unterliegen diesem Sachzwang. Die DDR-Wirtschaft wird folglich einerseits zentral gesteuert, und zwar mit juristisch-administrativen Methoden, was die Hauptproportionen betrifft, andererseits existiert aber auch eine gewisse Selbstregulierung über den „Markt". Wir müssen uns deshalb die Leitung der DDR-Wirtschaft als einen ständigen Prozeß vorstellen, der über vier Kompetenzebenen hinweg folgende sieben Phasen durchläuft:

1. Prognose der Haupttendenzen in Wissenschaft, Forschung und Entwicklung sowie zum künftigen Bedarf an Rohstoffen und Endprodukten.
2. Auswahl jener Projekte, die die Branchen- und Erzeugnisstruktur der Volkswirtschaft entscheidend verändern. (Strukturpolitik = langfristig)
3. Perspektivplanung (5 Jahre = mittelfristig)
4. Volkswirtschaftsplanung (jährlich = kurzfristig)
5. Produktion
6. Absatz und Verkauf
7. Kontrolle, inwieweit die ursprünglich gesetzten Unternehmensziele verwirklicht wurden (= ständiger Soll-Ist-Vergleich).

Im Grunde handelt es sich dabei um jene typischen Managementfunktionen, die auch in den Chefetagen marktwirtschaftlicher Großunternehmen praktiziert werden. Auch dort werden diese Phasen der Leitung im sachlichen Nebeneinander sowie im zeitlichen Nacheinander laufend bewältigt. Leitung ist so gesehen ein permanenter Prozeß, und Planung ist eine Teilfunktion des Managements.

Der eigentliche Unterschied zwischen West und Ost: Vor den Toren westdeutscher Unternehmen endet die Planung der Volkswirtschaft; denn draußen herrscht der Markt. In der DDR läuft die Planung über die Ministerien bis zum Planungsstab des Ministerrates — der Staatlichen Plankommission.

Von der Grundannahme ausgehend, daß organisierte Entscheidungen effizienter sind als unorganisierte, muß der DDR-Wirtschaft zweifellos Funktionstüchtigkeit bescheinigt werden. Denn sie beweist seit langem, daß eine hochentwickelte Industriegesellschaft außer über den Markt auch planwirtschaftlich gelenkt und gesteuert werden kann. Und sie verwirklicht ihre selbstgesteckten sozialistischen Ziele: ständiges Wachstum, Vollbeschäftigung und sichere Arbeitsplätze. Allerdings über den ökonomischen Wirkungsgrad sagt dies allein noch gar nichts.

Der Preis für sozialistische Vollbeschäftigung

Die DDR-Wirtschaft mit Staatskapital, zentraler Planung samt volkseigenen Betrieben und sicheren Arbeitsplätzen geht ursprünglich weder auf eine russische Idee zurück, noch hat sie asiatische Wurzeln, wie etwa der Moskauer Despotismus. Die grundlegenden ökonomischen Ideen des Sozialismus entstanden vielmehr im Zentrum Europas — in Deutschland selbst.

Hauptverantwortlich dafür waren sogar zwei gebürtige Westdeutsche, Karl Marx aus Trier und Friedrich Engels aus Barmen-Elberfeld. Marx hatte noch bei Hegel in Berlin, allerdings ohne Abschluß, Philosophie studiert, Engels war Textilunternehmer, allerdings mit vom Vater ererbten Betrieben. Beide, lebenslang freundschaftlich verbunden, sind die „Erzväter" des Marxismus. Gemeinsam begründeten sie die „Politische Ökonomie des Sozialismus".

Marx lernte in der Mitte des vorigen Jahrhunderts in England die unerhörte Härte im Leben der Arbeiter samt zwölfstündiger Kinderarbeit kennen. Er sah die Arbeiter absolut und relativ verelenden, daneben aber reiche Kapitalisten, die in Überfluß lebten, sowie einen Staat, der mit seiner Polizei die Wohlhabenden gegen die ausgebeuteten, besitzlosen Arbeiter schützte. Das wollte er ändern.

Als Wurzel für „Das Elend der arbeitenden Klasse in England“, so der Titel des Frühwerkes seines Freundes Engels, erkannte Marx vor allem das Privateigentum an Produktionsmitteln. In seinem Hauptwerk „Das Kapital“ geißelte er die privaten Unternehmen, weil diese sich ausschließlich an Rentabilität orientierten, also an der Verzinsung des Eigenkapitals. Das vor allem, meinte Marx, spalte die Gesellschaft in Ausbeuter und Ausgebeutete, machte die Einkommens- und Vermögensunterschiede immer unerträglicher. Zwangsläufig mußte dieser Trend auf Dauer auch die politisch-moralische Einheit der Nation zerstören. Sein politisches Testament war einfach und rigoros: Er proklamierte Klassenkampf und Revolution zur heiligsten Pflicht nicht nur für Arbeiter, sondern für alle Menschen!

Die immer wiederkehrenden, zyklischen Überproduktionskrisen bewirkten außerdem Arbeitslosigkeit und — vernichteten über einen erbarmungslosen Wettbewerb auch immer mehr unternehmerische Existenzen. Ein stets wachsender Anteil aller Produktionsmittel konzentrierte sich als Folge davon in der Hand weniger Kapitalisten. Der Kapitalismus war folglich, rein ökonomisch gesehen, eine Ordnung, die die Produktionsfaktoren Kapital und Arbeit weder sinnvoll im Interesse aller Menschen zu nutzen verstand, noch konnte er auf Dauer politisch überleben, meinte Marx. Oder anders ausgedrückt: Weil die kapitalistischen Eigentums- und Produktionsverhältnisse enorme Ressourcen verschwendeten, glaubte Marx schon seinerzeit die „Grenzen des Wachstums“ zu erkennen. Er wollte deshalb, wie er sich ausdrückte, die Produktionsverhältnisse wieder „vom Kopf auf die Füße stellen“, das heißt, die Vorherrschaft des Kapitals zugunsten der Arbeit verändern. Dabei half ihm der Unternehmer Friedrich Engels mit ausgesprochen delikaten Beiträgen.

Sein Hauptwerk „Die Rolle der Arbeit für die Menschwerdung des Affen“ war ein atheistisches Buch, das auf die Darwinsche Evolutionstheorie zurückgriff. Im Mittelpunkt stand die These vom entscheidenden Beitrag der Arbeit, die den Neandertaler vom frühgeschichtlichen zum modernen Menschen entwickelte. Kaum jemand wird ihm da widersprechen. Denn der Beitrag der Arbeit für unsere moderne Zivilisation ist in der Tat groß. Die Fähigkeiten des Menschen, die uns in die Lage versetzen, immer wirkungsvollere Produktionsinstrumente zu entwickeln und die Arbeitsleistung zu steigern — dies alles wäre in der Tat ohne die in einer Million Jahren gesammelten Erfahrungen, ohne die angehäuften Fertigkeiten, ohne die hochgezüchtete Geschicklichkeit samt der dabei entstandenen Arbeitsintensität und Verwissenschaftlichung der Arbeit undenkbar.

Aber auch das andere Fazit, das Engels aus dem vom Menschen geleisteten Arbeitspensum zog, nämlich der enge Zusammenhang zwischen individueller Arbeit und daraus resultierender Persönlichkeitsbildung, dürfte heute kaum umstritten sein. Der Mensch verwirklicht sich nun einmal wesentlich selbst durch Arbeit oder umgekehrt: Ohne Arbeit kann der Mensch nicht existieren, jedenfalls als Gesamtheit nicht.

Anders als unsere heutige „Neue Linke" leitete Engels daraus nicht nur „das Recht", sondern gerade auch „die Pflicht zur Arbeit" für jedermann ab. Außerdem ging es ihm nicht um irgendwelche, sondern um konkrete, nützliche — also wertschaffende — Arbeit, und er zog auch konsequent den Umkehrschluß: Arbeitsverweigerung bewirkt Persönlichkeitsverfall! Dies bestätigen unsere zeitgenössischen Freaks, Gammler, Hausbesetzer und andere Aussteiger noch heute eindrucksvoll.

Von diesen frühen Erkenntnissen kommunistischer Klassiker führt der Weg schnurstracks in die DDR-Verfassungswirklichkeit sowie in den Alltag der DDR-Wirtschaft. Denn, einmal an die Macht gekommen, verwirklichten die SED-Funktionäre buchstabengetreu, was Marx und Engels theoretisch begründet haben. Mit der Staatsgründung verankerten sie den Vorrang von Arbeit in der Verfassung, wie übrigens alle kommunistischen Staaten.

In Artikel 24 der DDR-Verfassung heißt es:

(1) Jeder Bürger der Deutschen Demokratischen Republik hat das Recht auf Arbeit. Er hat das Recht auf einen Arbeitsplatz und dessen freie Wahl entsprechend den gesellschaftlichen Erfordernissen und der persönlichen Qualifikation.

(2) Gesellschaftlich nützliche Tätigkeit ist eine ehrenvolle Pflicht für jeden arbeitsfähigen Bürger. Das Recht auf Arbeit und die Pflicht zur Arbeit bilden eine Einheit.

Damit greift die sozialistische Staats- und Wirtschaftsdoktrin vollinhaltlich auf Engels zurück. Denn wenn Arbeit einen derart hohen Stellenwert hat, ökonomisch, sozial und individuell, dann kann schließlich nicht jedem selbst überlassen werden, ob er arbeiten will: Neben der Schulpflicht gibt es konsequenterweise eine Arbeitspflicht. Darauf vor allem beruht der höhere Beschäftigungsgrad der DDR gegenüber der Bundesrepublik Deutschland.

Beschäftigungsgrad in der DDR

	Einwohner *Mio.*	*Erwerbspersonen* *Mio.*	*Erwerbsquote* *%*
1960	17,2	8,6	49,7
1963	17,2	8,5	49,4
1966	17,1	8,5	50,1
1969	17,1	8,7	50,8
1972	17,0	8,7	51,0
1975	16,9	8,8	52,0
1978	16,7	9,0	53,9
1981	16,7	9,1	54,5
1982	16,7	9,2	55,0
1983	16,7	9,2	55,0

Als Folge dieser unterschiedlichen Bewertung der Arbeit im Wirtschaftsprozeß driftete nun zwar die Erwerbstätigkeit in beiden Teilen Deutschlands schon seit geraumer Zeit immer weiter auseinander, doch momentan läuft die Beschäftigungssituation in Deutschland West und Ost auf einen Punkt zu, wie er gegensätzlicher kaum sein kann. Er wird beide deutschen Wirtschaftssysteme an der Nahtstelle zwischen Kapitalismus und Sozialismus bis an die Grenze ihrer Belastbarkeit herausfordern — möglicherweise sogar bis zur Systemveränderung.

In der DDR werden 1983 von 16,7 Millionen Einwohnern voraussichtlich 9,2 Millionen berufstätig sein. Das ergibt einen Beschäftigungsgrad von 55 Prozent. Die

Bundesrepublik hat lediglich 40 Prozent, weil von 61,6 Millionen Einwohnern nur 24,7 Millionen berufstätig sind, und zwar einschließlich aller Gastarbeiter mit Familienangehörigen. Zusammen mit 2,3 Millionen Arbeitslosen bilden 27 Millionen Erwerbspersonen in Relation zur Gesamtbevölkerung eine Erwerbsquote von 43,8 Prozent.

Beschäftigungsgrad in der Bundesrepublik

	Einwohner Mio.	*Erwerbstätige Mio.*	*Arbeitslose Mio.*	*Erwerbspersonen Mio.*	*Erwerbsquote %*
1960	55,4	26,2	0,3	26,5	47,8
1963	57,4	26,7	0,2	26,9	46,9
1966	59,1	26,8	0,2	27,0	45,6
1969	60,1	26,3	0,2	26,5	44,2
1972	61,7	26,7	0,2	26,9	43,6
1975	61,8	25,3	1,1	26,4	42,5
1978	61,3	25,2	1,0	26,2	42,7
1981	61,6	25,6	1,3	26,9	43,6
1982	61,6	25,2	1,8	27,0	43,8
1983	61,6	24,7	2,3	27,0	43,8

Auch bei bundesdeutscher Vollbeschäftigung hätte demnach die DDR einen weit höheren Beschäftigungsgrad. Sie beschäftigt über unsere mögliche Vollbeschäftigung hinaus 2 Millionen Menschen zusätzlich. Damit ist sie im Grunde genommen nicht nur voll-, sondern nach marktwirtschaftlichen Maßstäben extrem überbeschäftigt!

Wollten wir dies nachvollziehen, was weder möglich noch nötig ist, dann müßten wir zunächst sämtliche Arbeitslosen unterbringen und — danach noch 7 Millionen zusätzliche Arbeitsplätze schaffen.

Die mitteldeutschen Kommunisten realisieren das selbstgesteckte Ziel — Arbeit für jeden Arbeitsfähigen — mit geradezu deutscher Perfektion wie sonst kein anderer sozialistischer Staat. Die DDR hat die höchste Erwerbsquote der Welt. Sie mobilisiert jede verfügbare Arbeitskraft. Von allen Frauen zwischen 16 und 60 Jahren sind mehr als 90 Prozent berufstätig, der Rest geht noch zur Schule oder studiert. In der Bundesrepublik sind nur etwas mehr als 50 Prozent aller Frauen im erwerbsfähigen Alter berufstätig, einschließlich der gemeldeten Arbeitslosen wären es knapp 60 Prozent.

Der extrem hohe Beschäftigungsgrad der DDR kommt auch über das höhere Renten- und Pensionsalter der Männer zustande, das in der Regel erst mit 65 Jahren beginnt. In der Bundesrepublik begann schon 1980 das durchschnittliche Rentenalter für männliche Arbeiter mit 58 Jahren, bei männlichen Angestellten lag es bei 60,5 Jahren, weil 8 % der 635 000 Neurentner sogar vor Vollendung des 50. Lebensjahres und weitere 24 % zwischen 50 und 59 Jahren in Rente gingen. Seither dürfte das durchschnittliche Rentenalter noch weiter gesunken sein. Und noch etwas fällt ins Gewicht: Die niedrigen DDR-Renten veranlassen aus purer Not rund eine Million Rentner, über die Pensionsgrenzen hinaus zu arbeiten.

Die DDR ist eine „Welt der Arbeit", und zwar in des Wortes doppelter Bedeutung. Denn zusätzlich zur höheren Erwerbsquote arbeiten die Deutschen zwischen Thüringer Wald und Ostsee noch etwa so lange, was die jährlichen Arbeitsstunden betrifft, wie Japaner und Schweizer, die in der westlichen Welt am längsten

arbeiten. Die DDR hat noch die 45-Stunden-Woche, es gibt lediglich 15 bis 20 Urlaubstage, und nur Weihnachten und Neujahr sind arbeitsfrei statt 13 kirchlicher Feiertage in der Bundesrepublik. Um zusätzliches Arbeitspotential für den „Aufbau des Sozialismus" zu gewinnen, wird am Oster- und Pfingstmontag gearbeitet. Es gibt keinen Gründonnerstag, keinen Karfreitag, keine Himmelfahrt, keinen Reformationstag oder Buß- und Bettag und schon gar nicht Fronleichnam oder Allerheiligen. 1982 fielen Weihnachten und Neujahr auf das Wochenende, wodurch in der DDR überhaupt kein kirchlicher Feiertag zustande kam.
Insgesamt fallen dadurch in der DDR je Erwerbstätigem pro Jahr rund 2100 Arbeitsstunden an. Die Bundesbürger kommen auf weit weniger bei 52 Wochen à 40 Stunden minus 29 Urlaubstage, kirchliche und andere Feiertage: 1770 Jahresarbeitsstunden. Krankheit und sonstige Ausfallzeiten sind dabei noch nicht berücksichtigt.
Alles in allem demonstriert die DDR gewissermaßen lupenrein sozialistische Beschäftigungspolitik. Betrachtet man die DDR-Erwerbsquote, dann fällt noch ein Unterschied zur Bundesrepublik auf: Die DDR hat trotz rückläufiger Bevölkerung die Zahl der Beschäftigten dennoch systematisch nach oben getrimmt. Damit ist der Beschäftigungsgrad ein Drittel höher und die jährliche Arbeitszeit ein Fünftel länger als in der Bundesrepublik. Beides zusammen führt dazu, daß ein DDR-Bürger während seines Lebens 60 Prozent mehr arbeiten muß als ein Bundesbürger. Trotzdem verfügt er nicht einmal über den halben Reallohn für seine Arbeit.

Halten wir deshalb fest: Insgesamt wird in der DDR mehr, länger, aber auch intensiver gearbeitet, weil der geringere Automationsgrad mehr körperliche Anstrengungen erfordert, und — miserabel bezahlt. In der Bundesrepublik ist zwar die geistige und nervliche Belastung höher als Preis für geringere körperliche Strapazen und mehr Freizeit. Verglichen mit der DDR, hat der Bundesbürger 330 Stunden pro Jahr länger frei, das sind 41 Tage oder fünf Wochen mehr Freizeit.
Die Bundesrepublik Deutschland setzt aber nicht nur erheblich weniger Arbeit ein als die DDR. Die Erwerbsquote wird außerdem tendenziell immer niedriger, und ein Ende dieses Prozesses ist noch nicht abzusehen. Vieles spricht dafür, daß die Erwerbsquote Mitte der achtziger Jahre weiter sinkt, weil dann geburtschwache Jahrgänge arbeitsfähig und die Renten bis dahin noch früher gezahlt werden.
Unser Problem ist folglich Arbeitskraftüberfluß. In Ostberlin dagegen beklagt der DDR-Ministerrat immer wieder offiziell Arbeitskräftemangel! Er begründet damit sogar die lückenhafte Nahrungsmittelversorgung oder die zu geringen Exportleistungen. Doch in Wahrheit wird zuwenig produziert.
In der Bundesrepublik schaffen immer weniger Erwerbstätige ein wachsendes Bruttosozialprodukt. Moderne Technologien setzen immer mehr Arbeit frei. Wir konnten deshalb die Schul- und Ausbildungszeit verlängern, Pensionsgrenzen vorziehen, die Arbeitszeit verkürzen sowie den Urlaub verlängern und leisten uns jede Menge kirchliche Feiertage. Die Lebens-

arbeitszeit ging nach dem Zweiten Weltkrieg auf 40 Jahre zurück, früher waren es 50. Da außerdem weniger hart gearbeitet wird, nahm bei erheblich besserer gesundheitlicher Betreuung und gesünderer Ernährung die Lebenserwartung zu. Dies zusammen ergibt die niedrige sowie tendenziell sinkende Erwerbsquote. Demnach muß ein stets kleinerer Teil erwerbstätig sein. Frühere Generationen haben dies herbeigesehnt, der Kapitalismus erst verwirklichte diesen Menschheitstraum. Außerdem, von Arbeit wollten ja selbst Marx und Engels die Menschen befreien. Doch jene Völker, die sozialistisch wirtschaften, befreien die Menschen nicht von Arbeit, sondern erzeugen überall Mangel.

Der Vorrang des Faktors Arbeit bewirkt in der DDR einen extremen Einsatz von Arbeit, der — gemäß der Marxschen Arbeitswertlehre — eigentlich mehr Wohlstand bringen müßte. Doch die Priorität von Arbeit vernachlässigt zwangsläufig das Kapital und dessen wirkungsvollen Einsatz. Was durch den Arbeitsfleiß der Mitteldeutschen zustande kommt, geht, weil Rentabilität nichts oder wenig gilt, im Kapital- und Materialbereich größtenteils wieder verloren. Die Planwirtschaft verbraucht pro tausend Mark Umsatz mehr Investitionen und Material als die Marktwirtschaft. Dadurch geht dort mehr verloren, als die zusätzliche Arbeit einbringt: Der Ertrag der Arbeit ist also geringer!

. . . und ihr Lohn

Die gesamte Leistung einer Volkswirtschaft ist das Bruttosozialprodukt. Es ist die Summe aller in einem Jahr geschaffenen Güter und Dienstleistungen für den Endverbrauch oder der jährlich stets neu entstehende Wohlstand einer Nation, der verteilt werden kann. Setzen wir das Bruttosozialprodukt ins Verhältnis zur jeweiligen Bevölkerung, zur Zahl der Erwerbstätigen oder ins Verhältnis zu den geleisteten Arbeitsstunden, was das präziseste Ergebnis bringt, dann ergibt sich daraus der Nutzeffekt der menschlichen Arbeit: Produktivität.

1982	*Brutto-sozial-produkt*	*je Ein-wohner*	*je Erwerbs-tätigen*	*je Arbeits-stunde*
Bundes-republik	1600 Mrd. DM	26 000 DM	63 800 DM	36,06 DM
DDR*	303 Mrd. DM	18 100 DM	32 900 DM	15,66 DM
DDR-Produktivität in Relation zur Bundesrepublik		70 %	52 %	43 %

* DDR-Bruttosozialprodukt zu westdeutschen Preisen. Das entspricht etwa dem, was die DDR selbst berechnet, nämlich 70 % des westdeutschen Niveaus je Einwohner (Erich Honecker, zum Jahresende 1982).

Einerseits erbringt die DDR je Einwohner 70 Prozent der bundesdeutschen Leistung, je Erwerbstätigem aber fällt sie schon infolge des höheren Beschäftigungsgrades erheblich zurück. Bedingt durch die längere Arbeitszeit erzielt sie jedoch je Arbeitsstunde — und dies allein ist Produktivität — nur noch 43 Prozent der westdeutschen Leistung.

Für diesen enormen Produktivitätsrückstand der DDR werden in Ost und West die unterschiedlichsten Be-

gründungen ins Feld geführt, die außerdem noch parteipolitisch eingefärbt sind. Die SED-Führung macht dafür weitestgehend andere verantwortlich. Bis zum „Mauerbau" war die Bundesrepublik schuld, die Millionen von Fachkräften „abwarb", außerdem hätte sie die DDR über den Wechselkurs von 1 zu 5 gewissermaßen „ausgeplündert". Hinzu kamen höhere Reparationen sowie die abrupte Lostrennung von Kohle und Stahl, was für die hochentwickelte Verarbeitungsindustrie Mitteldeutschlands besonders schwer ins Gewicht fiel.
Westliche Experten verweisen auf den Marshall-Plan, der eine wesentliche Starthilfe gewesen sein soll, sowie auf erheblich größere Demontagen in der DDR. Aber all diese Argumente lassen das Wesentlichste außer Betracht.
Tatsache ist vielmehr, daß die DDR gerade jenen Teil Deutschlands übernahm, der industriell am weitesten fortgeschritten war. Außerdem bestand dort eine Landwirtschaft, die den westlichen Teil Deutschlands ebenfalls übertraf. Statistiken belegen, daß jenes Territorium, auf dem die DDR gegründet wurde, das Gebiet, auf dem heute die Bundesrepublik liegt, vor dem Kriege in der Wirtschaftsleistung je Einwohner um 10 % übertroffen hatte. Außerdem waren die Kriegsschäden bei Industrieanlagen sowie in der Wohnungsbausubstanz erheblich geringer als im westlichen Teil, der weit stärker zerstört worden war.
Im Fünfeck Berlin, Dresden, Plauen, Jena, Magdeburg konzentrierte sich vor dem Zweiten Weltkrieg der deutsche Werkzeug-, Textil- und Polygrafische Maschinenbau, der seinerzeit in der gesamten Welt führend war. Die größte Flugzeugfabrik der Welt, die Junkers-

Werke, waren in Dessau beheimatet. Die optischen Werke Zeiss-Jena lieferten im Verbund mit den Glaswerken Schott-Jena seinerzeit in der Welt unerreichte Spitzenerzeugnisse, die Plauener Maschinenfabrik installierte in den dreißiger Jahren die erste vollautomatische Taktstraße der Welt in Sachsen zur Fertigung von Pkw-Zylinderblöcken. Außerdem lagen 40 % der hochentwickelten deutschen chemischen Industrie im heutigen DDR-Gebiet.

Mitteldeutschland war früher das technologische Zentrum des Deutschen Reiches. Von dieser Basis ausgehend ergeben Berechnungen der Schadensquoten ungefähr gleiche Startbedingungen, die etwa bei 67 % des Vorkriegsniveaus lagen:

	Westzonen	*Ostzone*
Kriegsschäden	21 %	15 %
Demontagen	12 %	26 %
insgesamt	33 %	41 %

(Deutsches Institut für Wirtschaftsforschung, Handbuch der DDR-Wirtschaft, Reinbek, 1977, Seite 18)

Selbst höhere Reparationen der DDR während der fünfziger Jahre ändern daran nichts. Sie betrafen nicht die Produktionskapazitäten, sondern bewirkten lediglich Konsumverzicht.

Das eigentliche Problem ergibt sich vielmehr aus der Fragestellung, warum die DDR nach Abschluß der Reparationen im Jahre 1958 sowie nach dem Mauerbau 1961 weder aufholen noch mithalten konnte, sondern immer weiter hinter die Bundesrepublik zurückfiel bis auf 43 % der westdeutschen Produktivität. Dies

führt zur Frage, welcher ökonomische Nutzen entsteht, je nachdem, ob Kapital und Arbeit nach markt- oder nach planwirtschaftlichen Prinzipien eingesetzt werden. Selbst der Anteil des Marshall-Plans am westdeutschen Wirtschaftswunder relativiert sich so. Er betrug zwischen 1945/55 rund 16 Mrd. DM, aber das Volumen der Investitionen machte allein zwischen 1950/55 mehr als 200 Mrd. DM aus. Hätte die DDR die angebotene Marshall-Plan-Hilfe nicht abgelehnt und nach sozialistischen Prinzipien verwendet, die deutsch-deutsche Szenerie sähe dann kaum anders aus.
Die Schweiz und Japan sind außerdem weit rohstoffärmer als die DDR, aber wesentlich wohlhabender, und die Sowjetunion produziert mit riesigen Rohstoffvorkommen dennoch sozialistische Armut.
Die Zeche für das sozialistische Experiment in der DDR aber zahlen die Menschen. Dies belegt der Einkommensvergleich.

Monatliches Durchschnittseinkommen je Arbeitnehmer

	Brutto-einkommen	*Bruttolöhne und -gehälter*	*Nettolöhne und -gehälter*
	Bundesrepublik (in DM)		
1960	596	512	431
1970	1 354	1 148	887
1981	3 306	2 690	1 888
1982	3 400	2 800	1 935
	DDR (in Mark)		
1960	555	501	434
1970	755	647	563
1981	1 046	945	792
1982	1 075	970	812

Ein Facharbeiter, ein Lehrer oder ein junger Ingenieur verdienen monatlich netto 800 Mark, ein Direktor etwa das Doppelte, je nach Betriebsgröße und Branche, ein Kombinats-Generaldirektor kommt auf 3000 Mark brutto, netto etwa 2300 Mark. Eine Arbeiterin im Akkordlohn erzielt, wenn sie die Arbeitsnorm erheblich überbietet, 700 Mark netto, eine Sekretärin hat 600 Mark und ein Briefträger 500 Mark. Eine Million Arbeitnehmer verdienen 450 bis 480 Mark, etwa Krankenschwestern, Reinigungs- und Küchenpersonal oder Verkäuferinnen. Minister hatten Ende der sechziger Jahre ein Bruttogehalt von 4000 Mark, was netto 3000 Mark ausmachte. Hinzu kamen noch 1500 Mark unversteuerte Aufwandsentschädigung. Der Ministerpräsident hatte brutto 6000 Mark plus 3000 Mark Aufwandsentschädigung. Frauen verdienen selbst bei gleichem Lohn für die gleiche Leistung insgesamt ein Viertel weniger, weil sie im Durchschnitt geringer qualifiziert sind.
Wesentlich aber ist dies: Es gibt keine jährlichen Lohnerhöhungen wie in der Bundesrepublik; die Gehälter für Führungskräfte und Direktoren sind seit Mitte der sechziger Jahre eingefroren. Lehrer bekamen in den letzten 17 Jahren zweimal 50 Mark pro Monat zugelegt, und die Löhne unter 500 Mark wurden zweimal überproportional angehoben. Ansonsten steigen Löhne und Gehälter nur über berufliche Qualifikation, bei Arbeitern etwa durch den Übergang in eine höhere Lohngruppe oder durch eine höhere Normerfüllung. Lediglich die Bauindustrie fällt etwas aus dem Rahmen. Dort verdienen Meister und Facharbeiter netto 1000 bis 1100 Mark.

Im Grunde ist die DDR heute ein ausgesprochenes „Billig-Lohn-Land“. Die Personalkosten der Bundesrepublik sind brutto dreimal höher. Damit existieren in Deutschland Ost und West Relationen wie zwischen Hongkong oder Malaysia und Westeuropa. Zwar stöhnen Bundesbürger über hohe Abgabenlasten, die auf den Bruttolohn bezogen rund 32 % ausmachen, aber was bleibt, ist zweieinhalbmal mehr als in der DDR. Die geringeren Steuern und Sozialabgaben von lediglich 16 % nützen dem mitteldeutschen Arbeitnehmer wenig.
Das Deutsche Wirtschaftsforschungs-Institut Berlin vergleicht regelmäßig die Kaufkraft beider deutschen Währungen für den privaten Konsum. Dazu benutzt es die Warenkorb-Methode. Anhand westdeutscher Arbeitnehmerhaushalte mit 4 Personen und durchschnittlichem Einkommen sind diese Ergebnisse für die sozialistische Planwirtschaft wenig ermutigend. Auf der Basis eines westdeutschen Warenkorbs, der höherwertige Güter enthält, die zudem in der DDR extrem teuer sind, hatte danach die DDR-Mark zuletzt nur einen Wert von 83 Pfennigen.
Auf der Basis eines DDR-Warenkorbs entsteht allerdings ein etwas günstigeres Bild. Weil Mieten und Grundnahrungsmittel drüben billig, in der Bundesrepublik aber teuer sind, kommt so die DDR-Mark auf eine Kaufkraft von rund 1,20 DM. Werden beide Warenkörbe „gekreuzt“, was international üblich ist, dann entsteht ein Durchschnittswert von 1,02 DM für 1 Mark der DDR.
Gemessen an westdeutschen Verbrauchergewohnheiten und zu westdeutschen Preisen hat ein DDR-Lohn von 812 Mark eine Kaufkraft von real 674 DM, ge-

wichtet mit dem Faktor 0,83. Liegen jedoch DDR-Verbraucherstrukturen zugrunde, kann sich ein DDR-Bürger für 812 Mark etwa soviel kaufen wie für 975 DM, gewichtet mit dem Faktor 1,2. Doch beide Male ist der reale Unterschied groß, und er nimmt weiter zu. Vor dem Mauerbau erzielten DDR-Arbeitnehmer noch 78 % des westdeutschen Realeinkommens, 1970 waren es noch 58 % — 1982 aber kamen noch ganze 43 % des bundesdeutschen Niveaus zustande. Damit entspricht der DDR-Rückstand bei den Realeinkommen in etwa dem Produktivitätsrückstand, was sich gegenseitig bedingt.

Kaufkraft der DDR-Mark

	westdeutscher Warenkorb	*DDR-Warenkorb*	*gekreuzter Warenkorb*	*DDR-Realeinkommen in Prozent zur Bundesrepublik*
1960	0,75 DM	0,77 DM	0,76 DM	78 %
1970	0,84 DM	0,90 DM	0,87 DM	58 %
1981	0,83 DM	1,20 DM	1,02 DM	43 %

Im einzelnen weichen die Preise für den privaten Verbrauch stark voneinander ab. In der DDR sind die meisten Grundnahrungsmittel subventioniert, gehobene Verbrauchsgüter hingegen mit Preisaufschlägen belastet, Akzise genannt. Was folglich die Statistik verallgemeinert, kann der einzelne nur subjektiv und damit ungenau nachvollziehen. Im Grunde bildet sich deshalb jeder seine eigene Meinung über den DDR-Lebensstandard. Die einen neigen zur Überschätzung, die anderen bewerten ihn noch niedriger, als er ohnehin schon ist.

Die DDR-Regierung führte mit der Staatsgründung einen generellen Mietstopp ein, so daß die Mieten, gemessen an bundesdeutschem Niveau, heute „sagenhaft“ niedrig sind. Für Altbauwohnungen beträgt die Miete 20 bis 80 Mark. Selbst neue Wohnungen werden subventioniert und kosten lediglich 100 bis 200 Mark, je nach Größe oder Standort. Brot, Fleisch, Gemüse und Kartoffeln sind, wie alle übrigen Grundnahrungsmittel, billiger als in der Bundesrepublik. Das gilt außerdem für Licht, Gas und Heizung, für öffentliche Verkehrsmittel, für Bücher und Gaststättenpreise. Danach allerdings wird es teuer, sehr teuer sogar. Alle technischen Gebrauchsgüter sind meist dreimal so teuer, ebenso Kleidung, sobald sie modisch sein soll. Ein Pfund Kaffee billigster Sorte kostet 35 Mark; importierter Nescafé muß in Delikateßgeschäften mit 60 Mark bezahlt werden. Ein Pfund Aal kostet 60 Mark; eine Tafel Schokolade ist für 5 bis 7 Mark zu haben, Südfrüchte sind extrem teuer.

Ausgesprochen exotisch geht es beim Auslandsurlaub zu. Hier treffen die geteilten Deutschen alljährlich am Schwarzen Meer, im rumänischen Mamaia oder im bulgarischen Warna zusammen. Wenn DDR-Urlauber dort erfahren, daß „Neckermann-Deutsche“ eine Hotelklasse höher logieren, aber dennoch nur 499 DM bezahlen, während sie selbst 1500 Mark aufwenden und mit billiger Massenverpflegung zufrieden sein müssen, dann sind sie doppelt frustriert. Zum einen keimt Wut auf gegen die eigene Regierung sowie gegen die sozialistische Billigwährung, die im Ausland nichts gilt, obwohl sie hart erarbeitet wird. Zum anderen begegnen sich überwiegend westdeutsche „Billig-

Urlauber" und hochqualifizierte DDR-Bürger (andere können sich Auslandsreisen kaum leisten), die auf diese Weise erfahren, wie miserabel ihre Arbeit bezahlt wird. Zudem stehen sämtliche Reisegruppen unter der Aufsicht von Reiseleitern, die nach dem Urlaub über jeden einzelnen einen schriftlichen Bericht beim Ministerium für Staatssicherheit abliefern. Darin steht dann schwarz auf weiß, ob man Kontakt mit Bundesbürgern hatte, wie häufig und wie intensiv. Gegebenenfalls kommt eine Kopie dieses Berichtes in die Personalakten.

Was ein DDR-Bürger bei der Miete oder anderswo spart, legt er auf all das wieder drauf, was das Leben eigentlich erst angenehm macht, denn gerade das ist teuer. Wer gut verdient, wie Handwerker, leitende Angestellte, Wissenschaftler oder Ärzte, lebt wie ein Facharbeiter in der Bundesrepublik; aber diese Schicht macht kaum 10 Prozent der Bevölkerung aus. Die anderen leben nach westdeutschen Maßstäben äußerst bescheiden. Wenn Brot drüben auch ausgesprochen billig ist, so macht dem Verbraucher im sozialistischen Alltag dennoch zu schaffen, wenn er jahraus, jahrein nur zwischen dem Einheitsbrot wählen kann, das alle volkseigenen Brotfabriken zwischen Dresden und Rostock nach dem gleichen Rezept backen, und dem, was die wenigen privaten Bäckereien noch anbieten. Hier zum Beispiel tritt der wahre Unterschied zur Bundesrepublik hervor, die mit 200 verschiedenen Brotsorten eine ausgesprochene „Brot-Hochkultur" pflegt, selbst gemessen an westeuropäischen Maßstäben. Gleiches gilt auch für Fleisch- und Wurstwaren, Gemüse und Südfrüchte, Kleidung, Pkw und Urlaub.

Noch größer aber fallen die Unterschiede aus, wenn es um das geht, was ohne Arbeit gezahlt wird. Die Sozialleistungen der DDR halten im Grunde einem Vergleich mit der Bundesrepublik schon kaum noch Stand, selbst wenn wir bei uns vom dichtgeknüpften sozialen Netz diese oder jene Masche wieder herausnehmen müssen. Für einen sozialistischen Staat jedenfalls ist das, was für Krankheit, für Renten, für Stipendien, für Kindergeld und anderes abfällt, ausgesprochen mager. Hier liegt die DDR mit einem Drittel der westdeutschen Leistungen noch weiter zurück als bei den Löhnen.

Sozialaufwand je Einwohner

	Bundesrepublik	*DDR*	*DDR in Relation zur Bundesrepublik*
1970	2900 DM	1222 Mark	42 %
1981	7850 DM	ca. 2600 Mark	33 %

Wer im Sozialismus ins Pensionsalter kommt, wird extrem knausrig abgefunden. Die Rente macht gerade 40 % der Nettolöhne und -gehälter aus, in der Bundesrepublik sind es 62 %.

	Monatliche Altersrenten (40 Versicherungsjahre und Durchschnittseinkommen)	
	Bundesrepublik	*DDR*
1970	489 DM	188 Mark
1982	1205 DM	ca. 340 Mark

Das einzige, was den äußerst fatalen Rückstand zur Bundesrepublik etwas mildert, ist lediglich dies. Weil ein DDR-Rentner-Warenkorb fast ausschließlich Grundnahrungsmittel enthält, hat eine Rentner-Mark gewissermaßen die Kaufkraft von 1,30 DM. Dadurch kann ein sozialistischer Rentner etwa so leben wie in der Bundesrepublik mit 442 DM.

Nirgends aber haben sich in Deutschland größere Unterschiede herausgebildet als bei den Ersparnissen der privaten Haushalte. Zwar klagen Bundesbürger über hohe Mieten und Abgaben, was sie aber dennoch auf „die hohe Kante legen", ist eindrucksvoll, vor allem im Vergleich zur DDR.

Die Sparquote ist das Verhältnis von jährlicher Ersparnis und verfügbarem Einkommen. Hier gab es 1960 noch kaum ins Gewicht fallende Unterschiede. Damals war die Fähigkeit zu sparen in Ost und West gleichermaßen gering. Seither allerdings entstanden enorme Unterschiede:

Ersparnisse der privaten Haushalte

	Bundesrepublik		*DDR*		*je Einwohner*	
					Bundes-republik	*DDR*
	Mrd. DM	*Sparquote*	*Mrd. Mark*	*Sparquote*	*DM*	*Mark*
1960	16,1	8,5 %	4,1	6,8 %	290	240
1970	58,4	13,7 %	4,7	5,8 %	890	280
1982	147,0	14,0 %	3,3	2,6 %	2400	200

Gegenwärtig spart ein Bundesbürger zwölfmal mehr als ein Mitteldeutscher. Das ist durchaus systemkonform. Ein sozialistischer Staat, der bei seiner Gründung privates Vermögen vielfach enteignete oder weitgehend zurückdrängte, ist schließlich nicht daran interessiert, daß neues privates Vermögen entsteht, selbst wenn es nur Geldvermögen ist. Die DDR kennt deshalb weder Sparförderung noch Prämiensparen, sondern lediglich Sparbücher, die sich mit 3,25 % verzinsen. So verfügten die privaten Haushalte 1982 über folgende Geldvermögen: In der Bundesrepublik waren es 1762 Mrd. DM, was je Einwohner 28000 DM ergab. Die DDR-Bevölkerung hatte ein privates Geldvermögen von 106 Mrd. Mark oder je Einwohner 6000 Mark. Wird das gesamte Vermögen gegenübergestellt (also Haus-, Grund-, Geld- und gewerbliches), dann ist der Bundesbürger heute zehnmal vermögender als DDR-Bürger. Die Deutschen haben zwar den Zweiten Weltkrieg gemeinsam verloren, doch die Mitteldeutschen zahlen dafür immer noch — mit erheblichem Rückstand bei Einkommen, Sozialem, Renten und Vermögen.

Das Kardinalproblem der Planwirtschaft

Um zu verstehen, was zwischen Thüringer Wald und Ostsee ökonomisch geschieht, genügt es nicht, nur die Arbeitsproduktivität der Deutschen in Ost und West gegenüberzustellen. Wesentlich ist der Nutzeffekt von Kapitalinvestitionen. Alle Investitionen zusammengenommen (Ersatz von Gebäuden und verbrauchten Ausrüstungen, Erweiterung der Kapazitäten sowie Rationalisierung), nennen wir Bruttoinvestitionen. Werden diese um die Abschreibungen reduziert, die der Substanzerhaltung dienen, erhalten wir die Nettoinvestitionen. Hierbei handelt es sich um die eigentliche Kapitalakkumulation, von der das Wachstum ausgeht.

In der Periode zwischen 1970 und 1981 wurde in der Bundesrepublik 1635 Mrd. DM neues Kapital eingesetzt. Im gleichen Zeitraum einschließlich 1982 stieg das Nettoinlandsprodukt von 533 auf 1227 Mrd. DM an, die eigentliche Nettowertschöpfung der Volkswirtschaft. Die gesamte Kapitalakkumulation des Vorjahres dem Zuwachs des Nettoinlandsprodukts gegenübergestellt, besagt: Mit 1635 Mrd. DM Nettoinvestitionen wurde das Nettoinlandsprodukt um 694 Mrd. DM erweitert, das heißt, mit durchschnittlich 2350 DM wurde das verfügbare Inlandsprodukt um 1000 DM aufgestockt. Es handelt sich hierbei um nominelle Werte, also um Marktpreise einschließlich Inflation.

Bundesrepublik Deutschland

	Netto-investitionen	*Netto-inlands-produkt*	*jährlicher Zuwachs*	*Nettoinvestitionen des Vorjahres je 1000 DM Wachstum*
	— in Milliarden DM —			
1970	121	533		
1971	125	590	57	2 100
1972	131	645	55	2 300
1973	137	719	74	1 800
1974	115	773	54	2 600
1975	96	806	33	3 500
1976	120	876	70	1 400
1977	128	936	60	2 000
1978	138	1 002	66	2 000
1979	182	1 081	79	1 700
1980	193	1 147	66	2 700
1981	150	1 189	42	4 500
1982		1 227	38	3 900
1982/70	1 635	+ 694	durchschnittlich	2 350

Nach der gleichen Methode wird der Wirkungsgrad der DDR-Investitionen gemessen. Dabei zeigt sich: Die Planwirtschaft mußte 4500 Mark neues Kapital für 1000 zusätzlich verfügbares Nettoinlandsprodukt einsetzen, also doppelt soviel wie in der Bundesrepublik. Der Nutzeffekt planwirtschaftlicher Investitionen in der DDR ist demnach vergleichsweise nur halb so hoch.

DDR

	Netto-investitionen	*Netto-inlandsprodukt*	*jährlicher Zuwachs*	*Nettoinvestitionen des Vorjahres je 1000 Mark Wachstum*
	— in Milliarden Mark —			
1970	21	105		
1971	21	108	3	7 000
1972	21	114	6	3 500
1973	23	122	8	2 600
1974	24	129	7	3 300
1975	25	133	4	6 000
1976	26	143	10	2 500
1977	31	152	9	2 900
1978	32	155	3	10 300
1979	32	161	6	5 300
1980	32	171	10	3 200
1981	32	176	5	6 400
1982		176	0	—
1982/70	320	+ 71	durchschnittlich	4 500

Die sozialistische Verheißung, Kapital mit zentraler Planung sparsamer und wirkungsvoller einsetzen zu können, ist folglich eine Legende. Das Gegenteil ist richtig. Die volkseigenen Betriebe müssen für jede neue in der Leistung vergleichbare Produktionskapazität doppelt soviel Kapital einsetzen wie die privaten Unternehmen in der sozialen Marktwirtschaft!

Das „Warum“ verdeutlicht ein konkretes Beispiel aus dem Energiesektor. Als beide deutschen Volkswirtschaften 1950 noch den gleichen Ausgangspunkt hatten, existierte auch noch ein gleicher technologischer Standard. Damals kostete ein Kraftwerk mit einer installierten Leistung von 1000 Megawatt, das Braunkohle verfeuerte, 1 Milliarde DM — im Osten wie im Westen. Die gängigen Dampfturbinen hatten seinerzeit eine Leistung von 50 Megawatt. Für 1000 Megawatt wurden damals in langer Reihe 20 Turbinen in riesigen Werkshallen aufgestellt. Die westdeutschen Energiemaschinen-Produzenten beschritten dann einen Weg, der äußerst erfolgreich war. Sie bauten größere Turbinen bis zu einer Leistung von 500 Megawatt und darüber. Damit halbierten sie den gesamten Investitionsaufwand, denn zwei Turbinen à 500 MW erfordern weniger Material, weniger Montage- und Personalkosten, und die riesigen Hallen wurden ebenfalls kleiner, so daß zugleich der Bauaufwand halbiert wurde. Wir haben es hier mit einem für die Marktwirtschaft typischen Beispiel zu tun, das zeigt, wie technischer Fortschritt, der sich an Rentabilität ausrichtet, den spezifischen Kapitalaufwand drastisch senkt, trotz höherer Löhne und gestiegenen Materialpreisen. Selbst 1975, als die Inflation auch die Preise für Investitionen spürbar aufblähte, lag der Kapitalaufwand noch deutlich unter dem Wert von 1950.

Die DDR beschritt im Gegensatz dazu einen sozialistischen Weg. Obwohl ursprünglich mit guten Voraussetzungen im Maschinenbau ausgestattet, beschränkte

Investitions-Aufwand für 1000 Megawatt-Kraftwerks-Kapazität (Braunkohlen-Basis)		
	Bundesrepublik	*DDR*
1950	1,0 Mrd. DM	1,0 Mrd. Mark
1970	0,5 Mrd. DM	1,0 Mrd. Mark
1975	0,6 Mrd. DM	1,2 Mrd. Mark
1982	ca. 1,2 Mrd. DM*	2,0 Mrd. Mark

* Dieser Betrag ergibt sich aus den Preiserhöhungen seit 1975 sowie aus den drastisch verschärften Umweltschutzauflagen, die allein 300 bis 400 Millionen DM ausmachen.

sie sich ohne äußeren Zwang auf den Bau von 100 Megawatt-Turbinen, weil sie vor dem enormen Forschungs- und Entwicklungsaufwand für größere Turbinen zurückschreckte. Sie wollte statt dessen größere Stückzahlen bauen und dadurch die Kosten senken. Dadurch gelang es ihr aber nicht, die über den technischen Fortschritt objektiv möglichen Einsparungen im Kapitalbereich zu realisieren. In diese technologisch falsche Strategie hatte sie sich selbst hineinmanövriert: Weil sie Rentabilität ablehnte, versperrte sie sich gewissermaßen selbst die richtige ökonomische Stoßrichtung für Forschung und Entwicklung! Infolgedessen war das Ergebnis ihres technischen Fortschritts so gering, daß es selbst von langsam steigenden Personal- und Materialkosten kompensiert und nach 1970 sogar überkompensiert wurde. Die Kapitalproduktivität der DDR ist heute nicht wesentlich anders als 1950, in der Bundesrepublik hingegen ist sie fast doppelt so hoch.

Kapitalverschwendung, weil Rentabilität nichts gilt

Die Vorgänge im Kapitalbereich entzaubern außerdem ein anderes Phänomen. An der Technischen Hochschule Dresden wurden lange Zeit Diplomingenieure relativ gut ausgebildet, etwa wie in Aachen, Hannover oder München, in der Praxis aber wurden sie sozialistisch programmiert. Dort projektierten und konstruierten sie kapitalaufwendig, weil ohne den Zwang zu Rentabilität Kapital gewissermaßen kostenlos zur Verfügung stand. Sie erhielten Anerkennung selbst dann, wenn die Produktivität stieg, die Rentabilität aber fiel.

Die Bundesrepublik hat jedoch nicht nur den spezifisch geringeren Investitionsaufwand, der sich in einer niedrigeren Investitionsquote niederschlägt, sie hat darüber hinaus auch seit langem eine tendenziell sinkende Investitionsquote, und zwar unabhängig von der geringeren Investitionsneigung, die sich im Verlauf der siebziger Jahre herausbildete. Schon seit langem wird ein ständig kleinerer Teil des Sozialprodukts investiert, weil der technische Fortschritt den spezifischen Kapitalaufwand drückt.

Dies ist kein Fehler der Marktwirtschaft, sondern von Vorteil für alle, weil ein immer größerer Teil des Bruttosozialprodukts lebensstandardwirksam wird. Eine hohe Investitionsquote ist schließlich kein Selbstzweck, sondern Mittel zum Zweck. Wir investieren nicht, damit mehr Menschen arbeiten können, wir steigern über Investitionen die Produktivität, so daß immer weniger Menschen mehr produzieren bei geringeren Anstrengungen. Die Politik muß damit allerdings beschäftigungspolitisch fertig werden.

Investitionsquoten

1961/65	27,5 %
1966/70	25,5 %
1971/75	24,3 %
1976/80	22,9 %
1981/85*	21,6 %

* Prognose

So hat die DDR zwar keine überschüssigen Kapazitäten, wie die Bundesrepublik, aber sie „erkauft“ ihr Wachstum, was Investitionen betrifft, doppelt so teuer. Denn analog zum Energiebereich verlief die Entwicklung in fast allen anderen Branchen, ob in der Automobil- oder in der chemischen Industrie. Überall hat sie infolge rückständiger Technologien für einen vergleichbaren Produktionsausstoß einen zweimal, manchmal sogar einen dreimal so hohen Investitionsaufwand zu erbringen.

Dies wiederum erklärt den Verzicht auf Infrastrukturinvestitionen, wie Straßen- und Wohnungsbau, Schienen- und Wasserwege oder Umweltschutz. Denn wer im gewerblichen Sektor doppelt soviel Kapital benötigt, dem fehlen die Mittel anderswo. Hier finden wir außerdem den Schlüssel zum Verständnis für das, was westliche Experten als „Kapitalhunger“ der kommunistischen Planwirtschaften bezeichnen. Wenn die BASF oder die Farbwerke Hoechst für 500 Millionen DM modernste chemische Verfahrenstechniken anbieten, dann greift die DDR vor allem deshalb zu, weil sie für den gleichen Produktionsausstoß aus eigener Kraft

1 bis 1,5 Mrd. Mark investieren müßte. Den mitteldeutschen Planungsexperten erscheint es dann günstiger, eigene Konsumgüter zu Dumpingpreisen im Westen zu „verschleudern", um über Devisen moderne Anlagen kaufen zu können. Damit schließt sich der erste Kreis: Überhöhte Investitionen lassen den inländischen Verbrauchermarkt über Dumping im Außenhandel zur Ader und erzwingen Konsumverzicht.

Niedrige Mieten — verfallende Gebäudesubstanz

Die Verschwendung von Kapital im Sozialismus bewirkt deshalb Konsumverzicht, weil ein größerer Teil des Sozialprodukts investiert werden muß. Für den privaten Verbrauch steht folglich weniger zur Verfügung. Diese Problematik führt uns mitten in das größte Sozialproblem der DDR: den völlig unzureichenden Wohnungsbau! Was dem Besucher drüben schon optisch ins Auge fällt — farblose, schlecht renovierte und verfallende Gebäude —, das hängt zuallererst mit dem doppelt so hohen Investitionsaufwand im gewerblichen Sektor zusammen. In der DDR verfällt deshalb jährlich mehr Gebäudesubstanz, als neu gebaut wird.

In der Bundesrepublik wurde selbst bei stark rückläufigem Wohnungsbau seit 1970 dennoch mehr als doppelt soviel neuer Wohnraum geschaffen wie in der DDR. Je hundert Einwohner kamen in der Bundesrepublik 90, in der DDR knapp 40 Quadratmeter neuer Wohnraum hinzu. Selbst bei einer nach unseren Maßstäben schwachen Baukonjunktur wird immer noch mehr gebaut als drüben in einem Rekordjahr während der sozialistischen „Bauhochkonjunktur“. Neubauwohnungen sind in der Bundesrepublik im Durchschnitt knapp 100 Quadratmeter groß, in der DDR 55 Quadratmeter.

Fast drei Viertel aller DDR-Bürger wohnen noch in Vorkriegswohnungen; ein großer Teil davon wurde nicht modernisiert; die Hälfte aller Wohnungen hat kein Bad, sondern noch Außentoiletten; 10 Prozent sind ohne eigenen Wasseranschluß.

In der Bundesrepublik wohnen 60 Prozent aller Einwohner in Neubauten. Pro Einwohner stehen 33 Quadratmeter zur Verfügung, in der DDR sind es etwas mehr als 20 Quadratmeter. Es gibt keinen Wohnungsmarkt, sondern Wohnungsämter wie in der Nachkriegszeit, die die Wohnungsarmut nur gerecht verteilen. Junge Ehepaare warten jahrelang auf eine eigene Wohnung, auf eine Neubauwohnung fünf, sechs und mehr Jahre. Bis dahin wohnen sie, nicht selten gar mit Kind, bei den Eltern oder Schwiegereltern zur Untermiete. Wer zwar erwachsen, aber ledig ist, hat auf eine eigene Wohnung überhaupt keinen Anspruch.

Was das alles mit Planwirtschaft zu tun hat? Weil 1000 Megawatt Kraftwerkskapazität in der DDR 1,2 Mrd. Mark kosten statt 600 Millionen wie in der Bundesrepublik noch 1975, fallen statt 300 Millionen DM Bauaufwand 600 Millionen Mark an. Es mangelt also nicht nur an Geld für den Wohnungsbau, sondern ebenso an Arbeitskräften, an Material sowie am notwendigen Gerät. Auch für kleine Reparaturen, die mancher selbst ausführen möchte, steht nicht immer das notwendige Handwerkszeug oder Material zur Verfügung. Damit schließt sich der zweite Kreis zu einem Problem, das den Menschen drüben viel Sorge und Kopfzerbrechen bereitet: Die Verschwendung von Kapital bedeutet Konsumverzicht auf allen Ebenen, und der Wohnungsbau ist davon besonders betroffen.

DDR-Außenhandel: im Strudel der Westverschuldung

Aus dem Territorium, auf dem heute die DDR liegt, kamen 1938 rund 65 % aller Exporte des Deutschen Reiches. Doch wie sieht es heute damit aus? 1982 exportierte die DDR Waren im Wert von rund 77 Mrd. Mark. Da die Mark der DDR am Weltmarkt aber nur 70 Pfennig wert ist, ergab das nur 54 Mrd. DM. Die Bundesrepublik führte Waren im Werte von 435 Mrd. DM aus einschließlich des innerdeutschen Handels. Am gesamtdeutschen Export wäre folglich die DDR heute gerade noch mit 11 % beteiligt! Dies charakterisiert, in welchem Maße der ehemals hochindustrialisierte mitteldeutsche Raum seine führende Position an den westlichen Teil Deutschlands abgegeben hat.

Die Bundesrepublik Deutschland exportierte 1982 je Einwohner Waren im Werte von 7000 DM, die DDR schaffte 3200 DM. Wenn folglich jenseits des Thüringer Waldes dennoch Versorgungsmängel aller Art auftreten, bei Nahrungsmitteln wie bei den vielen kleinen Dingen des täglichen Bedarfs, dann nicht etwa deshalb, weil zuviel exportiert wird — es wird vielmehr zuwenig produziert! Die Bundesrepublik exportiert schließlich fast zweieinhalbmal mehr, dennoch schäumt das westdeutsche Warenangebot über, und jedem Export steht schließlich ein Importwert gegenüber. In der DDR allerdings ist das anders. Denn was die arbeitenden Menschen in den volkseigenen Betrieben mit eigenen Augen sehen, daß nämlich „zuviel" exportiert wird, hat einen durchaus realen Hintergrund: Da die DDR-Mark am Weltmarkt nur 70 Pfennig wert ist, erhalten volkseigene Betriebe für den Export von 77 Mrd. Ost-Mark nur einen Gegenwert von 54 Mrd. DM. Abgesehen davon, daß zuwenig produziert wird, werden dadurch selbst bei ausgeglichener Handelsbilanz dem Binnenmarkt der DDR zusätzlich Waren entzogen, und das spürt die Bevölkerung. 1982 fiel dadurch ein Volumen von 23 Mrd. Mark aus. Zur Verschwendung von Kapital und Material gesellt sich folglich ein dritter Faktor, der den Lebensstandard schmälert: die Außenhandelsverluste.

Die Bundesrepublik hat zudem die steigenden Weltmarktpreise durch noch schneller steigende Exportpreise überkompensiert. Sie hat ihre „Terms of Trade" verbessert. Die DM wurde aufgewertet. 1970 kostete ein Dollar noch 3,65 DM, 1982 waren es jahresdurchschnittlich 2,43 DM. Die DDR dagegen konnte ihre Exportpreise nicht in dem Maße anheben, wie die Weltmarktpreise anzogen – die Mark wurde abgewertet. Ursprünglich war die Außenhandelsmark der DDR, die sogenannte „Valuta-Mark", soviel wert wie 1 DM; 1976 war sie nur noch 0,72 DM und 1982 gar nur noch 0,70 DM wert. Zur Bezahlung der Importe muß demnach ein immer größeres Volumen von Erzeugnissen ausgeführt werden. Zu viele Waren verlassen die DDR ohne einen angemessenen Gegenwert.

Doch damit ist die Situation des DDR-Außenhandels noch keineswegs hinreichend charakterisiert. Die Bundesrepublik stellt fast „mühelos“ einen Exportrekord nach dem anderen auf mit beträchtlichen Überschüssen — die DDR schlägt sich mit Defiziten herum.

DDR-Außenhandel (Mrd. Valuta-Mark)

	Waren		*Saldo*		*Bundesrepublik Überschüsse*
	Import	*Export*	*insgesamt*	*Westen*	*in Mrd. DM*
1973	27,3	26,2	— 1,1	— 2,7	+33,0
1974	33,6	30,4	— 3,2	— 3,8	+ 50,8
1975	39,3	35,1	— 4,2	— 3,7	+ 37,3
1976	45,9	39,5	— 6,4	— 5,5	+ 34,5
1977	49,9	41,8	— 8,1	— 5,1	+ 38,4
1978	50,7	46,2	— 4,5	— 3,5	+ 41,2
1979	56,4	52,4	— 4,0	— 6,2	+ 22,4
1980	63,0	57,1	— 5,8	— 5,2	+ 8,9
1981	67,0	65,9	— 1,1	+ 0,2	+ 27,7
1982	74,0	77,0	+ 3,0	+ 5,0	+ 51,2

1982 erzielten die volkseigenen Betriebe zum erstenmal seit langem wieder einen Exportüberschuß, weil auf manche Einfuhr und auf privaten Konsum verzichtet wurde. Die marktwirtschaftlichen Unternehmen erzielten demgegenüber den höchsten Exportüberschuß seit Bestehen der Bundesrepublik.

Zu Beginn der siebziger Jahre war die DDR lediglich gegenüber der Bundesrepublik verschuldet, und zwar mit knapp 2 Mrd. DM. Danach kamen jedoch bei allen westlichen Industrienationen jahresdurchschnittlich

2 Mrd. DM neue Schulden hinzu bis zur Rekordhöhe von 26,7 Mrd. DM zum Jahresende 1981. Weil die DDR die immer teureren Importe nicht mit höheren Warenlieferungen bezahlen konnte, finanzierte sie ihre Handelsdefizite über westliche Bankkredite. Dafür mußte sie Zinsen in Kauf nehmen, deren Last schier untragbar wurde. Sie nahmen 1981 mit 3,7 Mrd. DM fast ein Drittel sämtlicher Erlöse aus dem Export in westliche Industrieländer in Anspruch und mußten mit Waren in Höhe von 5,3 Mrd. DDR-Mark bezahlt werden*.

	Netto-Westschulden Milliarden		*durchschnittlicher*	*Zinsen in Milliarden*	
	Dollar	*DM*	*Zinssatz*	*DM*	*Mark*
1977	6,6	15,3	5,5 %	0,8	1,1
1978	7,8	15,7	6,2 %	1,0	1,6
1979	8,6	15,7	8,5 %	1,3	2,2
1980	9,3	16,8	11,1 %	1,9	2,8
1981	11,8	26,7	13,9 %	3,7	5,3
1982	11,0	26,7	10,0 %	2,7	3,8

* Deutsches Wirtschaftsforschungs-Institut, Berlin, Wochenbericht 46/1982 (1982 vorl. Werte)

Zuletzt überschritt die DDR die Grenze ihrer internationalen Kreditwürdigkeit. Bis dahin hatte sie fällige Kredite stets nur mit neuen Krediten getilgt, die eine immer kürzere Laufzeit hatten, so daß 40 % aller Kredite innerhalb eines Jahres fällig wurden. Das waren immerhin 10 Mrd. DM, einschließlich der Zinsen überschritt der gesamte Schuldendienst den Wert sämtlicher Westexporte, die 1981 rund 13,3 Mrd. DM betragen hatten. Dies war das entscheidende Signal für die Banken, die sich von nun an um das augeliehene Geld sorgten. Seither gewähren westliche Banken kaum noch Kredite und bestehen darauf, daß prompt zurückgezahlt wird. Die DDR geriet dadurch 1982 in „den Strudel der Westverschuldung“, aus dem zu befreien es nur einen Ausweg gab, sie mußte die Ausfuhren forcieren, selbst wenn dies auf den eigenen Binnenmarkt durchschlug.

Schon im Frühjahr 1981 war das SED-Zentralkomitee gezwungen, eine neue ökonomische Strategie zu formulieren, die nicht einmal mehr auf die Versorgung der eigenen Bevölkerung Rücksicht nahm. Sie war folgerichtig und lautete: drastische Erhöhung der Exporte — Zurücknahme von Investitionen und im privaten Verbrauch. Seither wird alles exportiert, was sich im Westen nur irgendwie verkaufen läßt. Selbst Fleisch wird trotz äußerst lückenhafter Versorgung im eigenen Land verstärkt exportiert, z. B. nach Westberlin. In der DDR-Provinz bieten Metzgereien zeitweise nur donnerstags Ware an. An den übrigen Tagen herrscht gähnende Leere; dann sehen die Läden eher wie Fliesengeschäfte aus.

Insgesamt wurde über den forcierten Export sowie über gebremste Importe der binnenländische Verbrauchermarkt derart leergefegt, daß der Staat zum Jahresende 1982 sogar seine für den äußersten Krisenfall angelegten Vorratslager freigeben mußte, weil anders sogar das Weihnachtsfest von Lebensmittelmangel bedroht gewesen wäre.

Wegen des chronischen Devisenmangels verkaufen volkseigene Betriebe ihre Erzeugnisse zunehmend zu Dumpingpreisen. Sie verschleudern so die Früchte der

Arbeit des eigenen Landes, und weil permanent Zinsen und Tilgungen bei westlichen Banken fällig werden, fährt die DDR-Notenbank ganze Lkw-Ladungen druckfrischen Geldes an die Zürcher Börse. Dort tauscht die sozialistische Staatsbank Papiergeld der DDR zum Wechselkurs 5:1, manchmal sogar 6:1! Eine andere Wahl gibt es nicht, um zahlungsfähig zu bleiben. Volkseigene Betriebe wiederum tauschen kofferweise Papiergeld gegen DM, da sie dringend benötigte Rohstoffe oder Ersatzteile anders nicht finanzieren können.

Den sogenannten „Schwindel-Kurs“, den die Ostberliner SED-Führung stets dem „Klassenfeind“ anlastet (und den auch die eigene Bevölkerung nie recht begreift), verursacht sie folglich selbst.

Schließlich mußten Partei und Regierung auf früher ausgesprochen verpönte Methoden zurückgreifen — sie erhöhten die Verbraucherpreise wie nie zuvor. Seit 1980 greifen die Verbraucher trotz ausgesprochen niedriger Löhne immer tiefer in die Tasche. Im Zentrum des DDR-Spargelanbaus, im Bezirk Potsdam, kostete 1982 ein Kilo Spargel 40 Mark. Damit kamen völlig neue Preiskalkulationen zum Zuge. Das Motto für die Preisfindung lautet seit kurzem: Je weniger im Inland gegessen wird, desto mehr steht für den Export bereit.

Die sozialistische Planwirtschaft stößt schon seit geraumer Zeit auf ihre absoluten Grenzen. Allein die Tatsache, daß sie zwischen 1973 und 1981 im Westen 26 Mrd. DM „anschreiben“ lassen mußte, beweist, daß selbst der schwach angestiegene Lebensstandard bis etwa 1979 (danach sank er wieder) schon nicht mehr aus eigener Kraft zustande kam — er wurde vielmehr vom westlichen „Klassenfeind" finanziert. Denn der Einkommensanstieg von jährlich drei bis vier Milliarden Mark während der siebziger Jahre stimmt mit dem Anstieg der jährlichen Westverschuldung überein. Und seit zurückgezahlt werden muß, sinkt der Lebensstandard. Allein die Zinszahlungen fressen einen immer größeren Teil des Nationaleinkommens auf. Das ist weit schwerwiegender, jedenfalls was die Systemschwäche der Planwirtschaft betrifft, als die Sorge westlicher Banken um die Zahlungsfähigkeit der DDR. Es berührt nämlich die Zukunftschancen des politischen Systems selbst.

Seit zwei Jahren muß die DDR zwei Drittel des neu zuwachsenden Nationaleinkommens als Zinsen an westliche Banken abführen. Hinzu kamen 1982 erstmalig Tilgungen in Höhe von 2 Mrd. DM, gleich 2,8 Mrd. Mark, so daß der gesamte Zuwachs des Nationaleinkommens ins westliche Ausland floß. Diese Situation setzt sich auch 1983 fort.

	Zuwachs des Nationaleinkommens	*West-Zinsen in DDR-Mark*
1978	6,2 Mrd. Mark	1,6
1979	7,0 Mrd. Mark	2,2
1980	7,9 Mrd. Mark	2,8
1981	8,9 Mrd. Mark	5,3
1982	6,0 Mrd. Mark	3,8

Darüber hinaus steht die DDR mit 9 Mrd. Mark in Moskau in der Kreide. Sie konnte die steigenden Ölpreise der Sowjetunion nicht mit höheren Warenlieferungen ausgleichen, obwohl sie für die Tonne Rohöl nicht 600 DM zahlt, wie die Bundesrepublik am Weltmarkt, sondern nur die Hälfte. Dieser Preisvorteil entsteht ihr aus Investitionsbeteiligungen an sowjetischen Pipelines. Nur in osteuropäischen Ländern hat sie 4 Mrd. Mark Guthaben, vor allem in Polen. Die gesamten Auslandsschulden der DDR addieren sich zum Jahresanfang 1983 auf 43 Mrd. Mark, die über verstärkte Exportbemühungen mit Außenhandelsüberschüssen zu bezahlen sind; denn Währungsreserven stehen in nennenswertem Umfang nicht zur Verfügung. Dem Binnenmarkt sind in jedem Fall während der achtziger Jahre erhebliche Warenmengen zu entziehen, um Schulden zu tilgen und Zinsen zu zahlen. Gerade die außenwirtschaftliche Situation stellt sich damit völlig anders dar als die der Bundesrepublik, die mit über hundert Milliarden DM über die größten Gold- und Devisenreserven der Welt verfügt.

Neben dem Investitions- und Materialproblem ist damit der Außenhandel die dritte Schwachstelle der DDR-Volkswirtschaft, die ebenfalls von der Staats- und Parteiführung zu vertreten ist.

Das „Außenhandels-Einmaleins" der DDR aber ist einfach und läßt sich auf folgenden Nenner bringen: im Inland mit niedrigen Löhnen produzieren, mit Verlust exportieren, westliche Konsumgüterimporte jedoch dreimal teurer an die eigene Bevölkerung verkaufen. So entsteht zu Hause dennoch ein Gewinn — den die Bevölkerung finanziert!

In Sachsen werden mit westlichen Lizenzen beispielsweise „Jeans" für 22 Mark hergestellt und für 15 DM das Stück exportiert. Daraus entsteht die Außenhandelsparität der Valutamark. Die eigene Bevölkerung zahlt zu Hause für in Lizenz gefertigte westliche „Jeans“ 180 Mark, in der Bundesrepublik kosten sie 60 DM. Ähnlich sind die Relationen bei westlichen Importwaren, wie Kaffee, Spirituosen, Südfrüchten, Pralinen, Kosmetika, modische Kleidung und anderem. Auf diese Weise bringen westliche Importe in Höhe von 2 Mrd. DM in der DDR einen Erlös von 6 Mrd. Mark. Damit wird der Westhandel immer mehr zur eigentlichen Akkumulationsquelle der DDR-Wirtschaft.

Sichere Arbeitsplätze vergeuden Material

Das DDR-Phänomen, viel Arbeit und dennoch relative Armut, hat jedoch noch weitere Ursachen. Dazu gehört die sogenannte „Tonnen-Ideologie“, nach der Material vergeudet wird, vor allem im Energiebereich. Die Bundesrepublik verbraucht je Einwohner 5,8 Tonnen Steinkohle-Einheiten an Primär-Energie, die DDR benötigt 7,3 Tonnen. Bei 16,7 Millionen Einwohnern fallen dadurch 25 Mio. Steinkohlen-Einheiten zusätzlich an, die rund 8 Mrd. Mark teuer sind, weil eine Tonne fast 300 Mark kostet. Da außerdem zwischen der Wirtschaftsleistung und dem Energieverbrauch ein enger Zusammenhang besteht, dürfte die Planwirtschaft im Grunde nicht mehr, sondern weniger als die bundesdeutsche Marktwirtschaft verbrauchen, nämlich etwa nur 5 Steinkohlen-Einheiten je Einwohner. Tatsächlich sind dadurch die DDR-Energiekosten um 13 Mrd. Mark überhöht. Vor allem dieses Problem liegt wie eine unerträgliche Hypothek auf der gesamten Wirtschaft.

Waschmaschinen oder Elektroherde verbrauchen 30 % mehr Energie, und Millionen von Elektromotoren haben einen ungünstigen energetischen Wirkungsgrad. In der Bundesrepublik wurden 1980 47 000 energiesparende Wärmepumpen installiert, die DDR wollte davon 1982 erst 1500 Stück bauen. Selbst die Lichtausbeute solch einfacher Erzeugnisse wie Glühbirnen oder Leuchtröhren ist um ein Viertel geringer.

Besonders verschwendungssüchtig sind DDR-Braunkohlen-Kraftwerke. Sie jagen ein Viertel der Kohle ohne jeden Effekt durch die Schornsteine. Pro Jahr gehen allein dadurch rund 25 Mio. Tonnen Braunkohle verloren.

Die Rheinischen Elektrizitätswerke benötigen zur Erzeugung einer Kilowatt-Stunde 1700 Kilo-Kalorien, wenn sie Braunkohle verfeuern, die volkseigenen DDR-Kraftwerke benötigen mehr als 2100. Da in Mitteldeutschland jährlich 100 Mio. Tonnen Braunkohle unter die Kessel kommen, läßt dies den Schluß zu, daß unter marktwirtschaftlichen Bedingungen für den DDR-Strom lediglich 80 Millionen Tonnen Braunkohle erforderlich wären. Oder anders ausgedrückt: Schon beim Aufbau sind DDR-Kraftwerke doppelt so teuer, wenn sie jedoch in Betrieb gehen, produzieren sie zwar gleiche Mengen elektrischen Stroms pro Jahr wie in der Bundesrepublik, aber sie verbrauchen dafür ein Viertel mehr Braunkohle.

Die gesamte Elektrizitätserzeugung betrug 1982 in der Bundesrepublik Deutschland 369 Mrd. kWh, die DDR schaffte 101 Mrd. kWh. Beide deutschen Volkswirtschaften produzierten damit je Einwohner rund 6000 Kilowattstunden. Darauf verweist die Staatsführung der DDR immer wieder voller Stolz. Sie nimmt dies als Beweis für die eigene Leistungsfähigkeit; denn genauso viel Elektrizität je Einwohner zu erzeugen wie die hochentwickelte Bundesrepublik, das ist schließlich etwas. Aber was beweist dies? Im Grunde nur einmal mehr die grandiose Verschwendung in der Planwirtschaft; denn mit dem gleichen Elektrifizierungsgrad bringt sie eben nicht einmal den halben Lebensstandard der Bundesrepublik zustande.

Damit schließt sich der vierte Kreis. Es ist der überhöhte Materialverbrauch je Erzeugnis! Wir finden dieses Phänomen im Maschinenbau, im Wohnungsbau und in anderen Produktionszweigen.

Eine deutsch-deutsche Bilanz

Fassen wir zusammen. Beim deutsch-deutschen Vergleich stellt sich heraus: Die DDR beweist seit langem, daß eine Industriegesellschaft außer über den Markt auch über den Plan gesteuert und gelenkt werden kann, und zwar

- ohne privates Produktivkapital,
- ohne selbständige Unternehmer,
- ohne marktwirtschaftlichen Wettbewerb,
- ohne richtige Preise aus Angebot und Nachfrage,
- ohne konvertible Währung und
- ohne parlamentarische Demokratie.

Damit erreicht sie ihre selbstgesteckten sozialistischen Ziele: Vollbeschäftigung und sichere Arbeitsplätze! Sie muß jedoch

- für jede neue, in der Leistung vergleichbare, Produktionskapazität doppelt soviel investieren wie private bundesdeutsche Unternehmen. Das heißt, die Planwirtschaft muß das Wachstum teurer bezahlen, deshalb Konsumverzicht. Nach vorsichtiger Schätzung beläuft sich diese Kapitalverschwendung auf jährlich 30 Mrd. Mark.
- für 1000 Mark Produktionswert rund 10 % mehr Material einsetzen als in der Marktwirtschaft. Bezogen auf den Umsatz ist die Materialquote größer, so daß das Bruttosozialprodukt kleiner ausfällt. Auch das bedeutet Konsumverzicht. Eine Schätzung ergibt jährlich mehr als 30 Mrd. Mark.
- für Importe zusätzlich Waren exportieren, weil eine Mark am Weltmarkt nur 70 Pfennig wert ist. In der ersten Hälfte der achtziger Jahre werden dadurch dem binnenländischen Konsum pro Jahr mehr als 20 Mrd. Mark entzogen.
- für Zinsen und Tilgung der Westschulden bis auf weiteres jährlich rund 6 Mrd. Mark dem binnenländischen Konsum entziehen.

In der DDR wird folglich, gemessen an marktwirtschaftlichen Maßstäben, in unglaublichem Maße Kapital und Material vergeudet. Trotz massenhaften Einsatzes von Arbeit kommt trotzdem nicht einmal mehr der halbe Lebensstandard zustande. Oder: Weil der Faktor Arbeit Vorrang hat, werden Kapital und Material vergeudet. Das ist die andere Seite der sozialistischen Beschäftigungspolitik. In der Sprache von Karl Marx bedeutet das: Was durch den Fleiß der Arbeiter, Angestellten und Bauern geleistet wird, geht

über die zentrale Planung der Funktionärs-Bürokratie verloren, weil Rentabilität, sprich Kapitalverzinsung, nichts gilt!
Die moderne Kybernetik würde das systemtheoretisch so formulieren: Jede Volkswirtschaft ist ein System, jedes Unternehmen ein Teilsystem. Für die Volkswirtschaft bestehen vier Ziele, „Magisches Viereck" genannt, nämlich Wachstum, Vollbeschäftigung, Geldstabilität und Gleichgewicht des Außenhandels. Dafür ist die jeweilige Regierung verantwortlich. Das einzelne Unternehmen orientiert sich jedoch an einer übergeordneten Zielgröße: Kapitalrentabilität. Diese Zielgröße hat innerhalb der Marktwirtschaft zugleich eine überragende Regelfunktion. Sie ist die entscheidende „Regelgröße" der Volkswirtschaft. Sie „regelt" den Einsatz aller Ressourcen (Kapital, Material und Arbeit) und — erzwingt deren sparsamen Einsatz.
Um es einmal überspitzt auszudrücken: Hohe Zinsen lassen wenig Investitionen zu, niedrige Zinsen mehr. Fallen die Zinsen vollständig weg, dann steht Kapital gewissermaßen „kostenlos" zur Verfügung. Wer den eigenen Kapitalbedarf am geschicktesten „begründen" kann, erhält Mittel für Investitionen. Das war die konkrete Realität in der DDR bis 1965. Lediglich bei einem kurzen „Flirt" mit marktwirtschaftlichen Rentabilitäts-Maßstäben zwischen 1966 und 1968 wurde diese Praxis unterbrochen. Danach galt Rentabilität wieder wenig oder gar nichts. Sie wurde erneut dem Faktor Arbeit untergeordnet, so daß ständiges Wachstum und sichere Arbeitsplätze nie zum Problem wurden. Aber beides stimulierte den leichtfertigen Einsatz von Kapital, vergeudete Material und bewirkte gar

Arbeitskräftemangel. Diese Wirtschafts-Philosophie ist heute noch typisch für die DDR; und nur so erklärt sich das Phänomen Überbeschäftigung bei gleichzeitiger Versorgungskrise.

Die DDR setzt auf Wachstum und Arbeit, koste es, welchen Kapitaleinsatz auch immer. Dadurch bewirkt sie die höheren Investitions-, Material- und Erwerbsquoten — aber weniger Konsum.

Sobald das DDR-Wachstum über einen längeren Zeitraum betrachtet wird, läßt sich die Ressourcenverschwendung samt dem, was der Bevölkerung verbleibt, optisch ins Bild setzen. Einschließlich Inflation wuchsen in der DDR die Umsätze um 114 Prozent, das Bruttosozialprodukt nahm um 90 Prozent zu, für die inländische Verwendung blieben ganze 68 Prozent mehr als 1970. Der spezifisch gewachsene Materialverbrauch bremste das Wachstum des Bruttosozialprodukts, die Außenhandelsverluste samt Zinsen, Tilgungen, Investitionsbeteiligungen in der Sowjetunion und andere Zahlungen gingen zu Lasten des im Inland verfügbaren Nationaleinkommens, das dadurch erheblich weniger zunahm als das produzierte Nationaleinkommen. Die Geldeinnahmen der Bevölkerung verzeichneten mit nominal 62 Prozent einen weitaus geringeren Zuwachs als der Produktionswert. Dazwischen liegen die enormen Ressourcenverschwendungen, die die Bundesrepublik in dieser Form nicht kennt. Hierzulande eilen die verfügbaren Einkommen der privaten Haushalte infolge der sparsamen Ressourcenverwendung dem Wachstum des Produktionswertes, des Bruttosozialprodukts und des Nettoinlandsprodukts voraus.

Nominales DDR-Wachstum von 1970 bis 1982

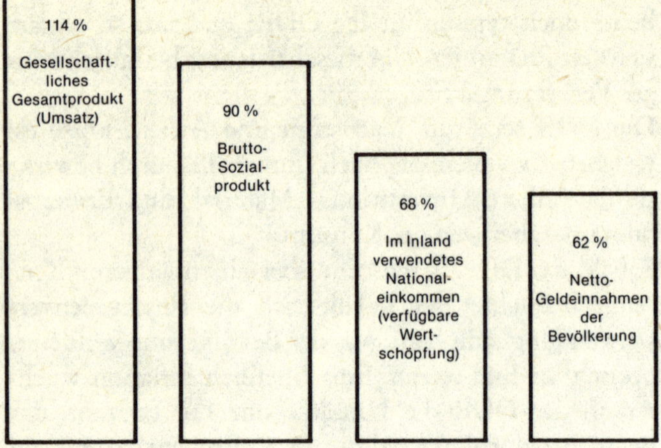

Nominales Wachstum der Bundesrepublik 1970 bis 1982

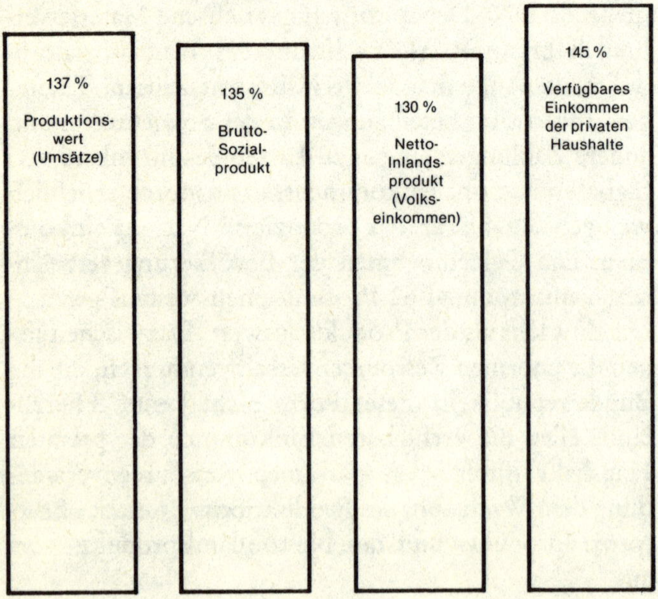

In der Bundesrepublik stieg das Inlandsprodukt wie der Produktionswert an, weil die Materialquote gleichblieb. Die Ursache: Die höheren Rohstoffpreise erzwangen die Einsparung von Material, stimulierten den Austausch teurer Rohstoffe und Materialien durch billigere und verstärkten das Interesse an weniger materialintensiven Erzeugnissen, die außerdem noch leistungsfähiger wurden. Mit anderen Worten: Die Marktwirtschaft hat die höheren Materialkosten weitgehend kompensiert. Die DDR dagegen schleppt noch einen großen Teil veralteter Erzeugnisse, die materialintensiv sind und am Weltmarkt Preisabschläge hinnehmen müssen, weiter mit. Sie nimmt große Gewinneinbußen in Kauf und, wie sich das für Sozialisten gehört, sichert Arbeitsplätze, indem sie veraltete Erzeugnisse einfach weiterproduzieren läßt. Teilweise gewährt sie den volkseigenen Betrieben höhere Preise, so daß rote Zahlen gar nicht erst zutage treten. Das heißt, sie kehrt die Probleme zunächst unter den Teppich, um sie später stückweise wieder hervorzuholen: Strukturwandel mit zeitlicher Verzögerung. Die negativen Auswirkungen auf den Lebensstandard allerdings kann sie nicht verhindern.

Die sozialistischen Preismacher

Lange Zeit versuchte Ostberlin den Eindruck zu erwecken, es könne den sozialistischen Kostendruck genauso vom Verbraucher fernhalten wie die weltweite Geldentwertung. Preiserhöhungen waren nach sozialistischer Auffassung ohnehin „Geldschneiderei“, die lediglich nichterarbeitete, unverdiente Gewinne brachten.

Hinzu kam jedoch noch eine andere, seltsam anmutende Überlegung. Um den Aufbau des Sozialismus von Beginn an leichter finanzieren zu können, ihn gewissermaßen etwas billiger zu machen, wurden alle Produktionsmittel niedriger als am Weltmarkt bewertet. Nicht Angebot und Nachfrage bestimmten die Preise, die staatliche Bürokratie legte sie vielmehr per Dekret fest. Kapital und Material erhielten zu niedrige, gehobene Konsumartikel zu hohe Preise. So wollte die Parteiführung die Inflation vom Kapital- und Materialbereich fernhalten und zugleich den Konsum bremsen. In der Praxis aber kam ein Prozeß in Gang, der genau das Gegenteil bewirkte. Der Material- und Kapitalverbrauch nahm im Sozialismus schneller zu als im Kapitalismus einschließlich Inflation; denn was billig ist, wird leichtfertiger verbraucht. Das ist ein ökonomisches Gesetz, das unabhängig vom Willen der Menschen wirkt. Lauthals verkündeten die Ideologen des „wissenschaftlichen Sozialismus", daß im Kapitalismus nur das produziert wird, was rentabel ist, im eigenen Hause jedoch entglitten ihnen immer mehr die wirklichen Maßstäbe für richtiges Wirtschaften. Darauf glaubten sie zwar ohnehin verzichten zu können, doch diesen sozialistischen Trugschluß bezahlten sie teuer. Weil die eigenen Preise sich immer weiter vom Weltmarkt entfernten, stimmten nicht einmal mehr die Kosten. Mit anderen Worten: Die DDR-Planwirtschaft war und ist ohne Kompaß, was Kosten und Rentabilität betrifft.

Sie wußte zwar, wohin sie wollte, nämlich mehr materielle und geistige Güter produzieren als im Kapitalismus, aber was Preise, Kosten und Gewinne betrifft,

befindet sie sich auf einem volkswirtschaftlichen „Blindflug“. Sie ist selbst nicht genau „berechenbar“, und zwar durch eigenes Verschulden, weil sie den Wert-Preis-Mechanismus des Marktes außer Kraft gesetzt hat. Bis 1966 führte der „Blindflug“ die gesamte Volkswirtschaft sogar in die entgegengesetzte Richtung. Denn während in der Bundesrepublik ertragsstarke Branchen zu Spitzenreitern des Wachstums avancierten, zählten lange Zeit ausgesprochen rückständige Branchen, wie Kupfer- und Erzbergbau, Schwermaschinen- und Anlagenbau samt der veralteten Braunkohlenchemie, zu den sogenannten führenden Zweigen der Volkswirtschaft, die vorrangig mit Kapital, Material und Arbeitskräften versorgt wurden, obwohl diese extrem große Verluste brachten.
So haben das Engagement für Karl Marx und die Ablehnung des geistigen Vaters der Marktwirtschaft, Adam Smith, etwas zuwege gebracht, das sonst nirgendwo in der westlichen Welt existiert: Die DDR-Mark verlor das einheitliche Äquivalent für den Tauschwert der Waren. In jeder DDR-Mark steckt ein unterschiedlicher „Wert“, der, gemessen an der DM, eine andere Kaufkraft repräsentiert. Für den privaten Verbrauch betrug die Kaufkraft der Mark 1981 etwa 83 Pfennig, die Außenhandels-Mark bewertete der Weltmarkt mit 70 Pfennig, die DDR-Investitions-Mark ist nur 50 Pfennig wert, und am Devisenmarkt wird die Mark der DDR-Notenbank mit 20 Pfennig gehandelt. Infolge der spartanischen Haushaltsführung der öffentlichen Hand der DDR jedoch ist die Mark beispielsweise für Bildung und Gesundheit 2 DM wert.

Die heute existierende Wohlstandslücke zwischen Deutschland-Ost und Deutschland-West läßt sich deshalb mit dem, was der DDR-Staatsratsvorsitzende, Erich Honecker, alle paar Jahre verkündet, nicht mehr erklären. Denn was nützt es, wenn die DDR 70 Prozent der bundesdeutschen Wirtschaftsleistung je Einwohner erzielt, die verfügbaren Einkommen der Bevölkerung beweisen etwas völlig anderes. Hier standen 1982 im Westen 1044 Mrd. DM gegen 128 Mrd. Mark im Osten. Je Einwohner waren das hüben 17 000 DM, drüben 7700 Mark. Die DDR erreicht auf diesem entscheidenden Gebiet nur 45 Prozent des westdeutschen Niveaus, und unter Berücksichtigung der Kaufkraft (1 Mark der DDR gleich 0,83 DM) sind es gar nur 6400 DM oder 38 % des westdeutschen Niveaus.

Wie fruchtbar das marktwirtschaftliche Kapital ist, zeigt eine einfache Gegenüberstellung. 1982 wurden 316 Mrd. DM investiert, die verfügbaren Einkommen der privaten Haushalte waren mit 1040 Mrd. DM 3,2mal so hoch. Die DDR investierte 70 Mrd. Mark, die Geldeinnahmen der Bevölkerung waren mit 128 Mrd. Mark nur 1,8mal so hoch.

Die besondere Art der Preisbildung entzaubert außerdem das überlegene Wachstum der Planwirtschaft. Was auf diesem Gebiet ganz offiziell geschieht, ist eine Mischung aus Propaganda und Unehrlichkeit. Einerseits bleiben Grundnahrungsmittel und Mieten preisstabil, aber neue Erzeugnisse kommen mit überhöhten Preisen auf den Markt, die ungeniert als reales Wachstum deklariert werden. Damit gaukelt die landeseigene Statistik der Öffentlichkeit ein Wachstum vor, das es in diesem Maße überhaupt nicht gibt. Selbst westliche

Statistiken nehmen das überlegene DDR-Wachstum immer noch für bare Münze. Nur so ist zu erklären, warum die DDR trotz „überlegener" Wachstumsraten hinter der Bundesrepublik zurückbleibt. Zu diesem Selbstbetrug ist die Parteiführung gewissermaßen von der marxistischen Ideologie verurteilt — weil nicht sein kann, was nicht sein darf. Denn sie kann ein geringeres Wachstum nicht auch noch offiziell zugeben, ohne sich damit selbst die ideologische Basis zu entziehen. Die sozialistische DDR ist zum ökonomischen Einholen der kapitalistischen Bundesrepublik verdammt, anders hat sie auf Dauer nicht einmal mehr die ideologische Legitimation.

DDR-Reformen: Euphorie und Wirklichkeit

Die Frage, ob sich die Partei- und Staatsführung der DDR über die krassen Fehlleistungen der eigenen Wirtschaftsordnung klar ist, muß dennoch mit „Ja" beantwortet werden. Mitte der sechziger Jahre wurde schon einmal das gesamte Wirtschaftssystem korrigiert. Heraus kam ein sogenanntes „Neues Ökonomisches System", das mit reformierten Preisen begann und ziemlich ungeschminkt kapitalistische Elemente übernahm. Frei nach dem Motto „Wer mehr leistet, soll auch mehr verdienen" wurden die volkseigenen Betriebe rigoros auf Expansion getrimmt. Jahresendprämien wurden eingeführt, mit deren Hilfe die Pläne übererfüllt werden sollten. Das Akkordsystem wurde ausgebaut und mit kapitalistischen REFA-Methoden so weit perfektioniert, daß seither prozentual mehr mitteldeutsche Arbeitnehmer im Leistungslohn arbeiten als bundesdeutsche. Das Management wurde auf Profit programmiert; Gewinn wurde die wichtigste Führungsgröße für volkseigene Betriebe.

Und noch etwas, für Kommunisten ziemlich Ungewöhnliches kam hinzu: Der Kapitalzins, bis dahin von marxistischen Ideologen verteufelt, wurde in den Sozialismus übernommen. Seither zahlen volkseigene Betriebe für Anlage- und Umlaufkapital, das sie beanspruchen, 6 % Zinsen. Dies sollte den Nutzeffekt der Investitionen anheben, die Produktionskapazitäten besser auslasten, das Management zu sparsamerem Ressourceneinsatz erziehen mit dem erklärten Ziel, das sozialistische Kapital wirkungsvoller zu nutzen. Das einzige Zugeständnis, das die Ideologen den Reformern abrangen: Der Kapitalzins sollte im Arbeiter-und-Bauern-Staat einen anderen Namen tragen; er heißt deshalb „Produktionsfonds-Abgabe". Das ist das marxistische Synonym für Kapitalzins.

Der Initiator der gesamten Reform und zugleich ihr geistiger Kopf war Dr. Erich Apel, Vorsitzender der Staatlichen Plankommission und Mitglied des SED-Politbüros. Das Management-Handwerk hatte er schon als Ingenieur während des Krieges in der sagenumwobenen Luftwaffenversuchsanstalt Peenemünde erlernt. Er stand seinerzeit in Ulbrichts Gunst ganz oben — noch vor Honecker und Stoph. Außerdem verstand er etwas von Public Relations. Aus dem Scheitern aller vorhergehenden Fünfjahrespläne, die zu hoch angesetzt waren, hatte er Konsequenzen gezogen. Die neuen Planziele waren vorsichtiger angesetzt, und die Planung beruhte erstmalig auf „wissenschaftli-

chen“ Methoden. Besonders dieses Argument fiel bei der Wissenschaftsgläubigkeit Ostberliner Kommunisten ins Gewicht und verschaffte ihm im Kreise der biederen Politbüromitglieder, die entweder aus der KPD Ernst Thälmanns kamen oder Intellektuelle waren, ein klares Übergewicht.
Zuvor hatte Apel schon das Preisdiktat der osteuropäischen Volksdemokratien im Außenhandel durchbrochen. Mit Tschechen, Polen, Ungarn, Rumänen und Bulgaren wurden Außenhandelsverträge abgeschlossen, denen Weltmarktpreise zugrunde lagen. Nur gegen die Sowjetunion konnte er sich nicht durchsetzen. Das große, mächtige Zentrum der kommunistischen Weltrevolution war nicht bereit, für DDR-Exporte den vollen Preis zu zahlen, jedenfalls damals noch nicht. Hart und unnachgiebig verwies die Sowjetunion auf ihre große Rüstungslast und verlangte dazu von der DDR einen Beitrag, der im Außenhandel versteckt werden sollte. Doch Apel führte die Verhandlungen ebenso hartnäckig. Nach einjährigen ergebnislosen Verhandlungen war der Vertrag immer noch nicht unterschrieben, und der auf dem glatten Parkett der Ostberliner Politszenerie durchaus erfahrene Apel hatte sich dafür vom SED-Politbüro alle Vollmachten geben lassen. Das Parteispitzengremium stand voll hinter ihm. Es duldete, daß der Planungschef mit den Russen äußerst riskante Gespräche führte, die immer wieder ergebnislos verliefen.
Und dennoch wurde Apel über Nacht ein Opfer seiner eigenen Reform. In einer turbulent verlaufenen Politbürositzung wurde ihm im November 1965 anhand eines Gutachtens, das von Werner Obst im Büro des

Ministerrates verfaßt worden war, nachgewiesen, daß der vorliegende Fünfjahresplan die Rentabilität der gesamten Volkswirtschaft eindeutig nach unten drückte, und zwar gewissermaßen planmäßig. Die Ursache: Große Investitionen brachten nur geringe Gewinne, so daß die Kapitalverzinsung wie bisher und trotz des „Neuen Ökonomischen Systems" immer geringer wurde. Für ein kommunistisches Führungsgremium war ein derartiges Argument nicht nur absolut neu und ungewöhnlich, es war letztlich sogar ausgesprochen systemwidrig. Dennoch, die Staatliche Plankommission hatte unter Apels Leitung mit 1500 Mitarbeitern (darunter 500 „Eierköpfe", also hochkarätige Wissenschaftler) in dreijähriger Arbeit gemeinsam mit den volkseigenen Betrieben einen Fünfjahresplan erarbeitet, dem für die gesamte Volkswirtschaft eine erstens zu niedrige und zweitens außerdem noch tendenziell fallende Kapitalverzinsung zugrunde lag. Das war weder neu noch systemwidrig, sondern einfach marxistisch; denn bis dahin wurde die Kapitalrentabilität selbst im dritten Jahr des „Neuen Ökonomischen Systems" völlig negiert. Doch nun verwandelte sich die gesamte Szenerie schlagartig. Jetzt mußte sich der bis dahin renommierte Planungschef vorhalten lassen, daß Marx so nicht zu interpretieren sei. Die Verteufelung der kapitalistischen Rentabilität war schließlich nur eine Methode, um private Unternehmer zu diffamieren. Die Arbeiter müßten sich, einmal im Besitz der politischen Macht, durchaus an diesem im Grunde zeitlos richtigen Wirtschaftsprinzip ausrichten.

Einem Teil des Politbüros waren die hartnäckigen Preisverhandlungen, die Apel mit der Sowjetunion

führte, mittlerweile ohnehin suspekt. Jetzt stellte sich heraus, daß die selbstverschuldeten Planungsverluste mehrfach größer waren als die Preiseinbußen gegenüber der Sowjetunion. Das gab den Ausschlag; der bis dahin angesehene Planungsexperte hatte sich fachlich disqualifiziert. Nun brachen seine Parteifreunde abrupt den Stab über ihn. Apel hatte sich zwar als gelehriger Marxist, aber als unfähiger Manager erwiesen. Was sich dann innerhalb des höchsten SED-Führungsgremiums abspielte, hält jeden Vergleich mit Shakespeares Königsdramen aus: Der Kronprinz fällt der Hofkabale zum Opfer! Apel, der noch kurz zuvor den Volkswirtschaftsrat aufgelöst, dessen glücklosen Vorsitzenden, Alfred Neumann, aus dem Amt verdrängt und sich alle Industrieministerien unterstellt hatte, verlor nun selbst seine beiden wichtigsten Ämter: die Mitgliedschaft im Politbüro und den Vorsitz der Staatlichen Plankommission.
Aber nicht genug damit. Er wurde auch noch gedemütigt. Ulbricht schickte ausgerechnet Apels Widersacher, Alfred Neumann, mit dem Auftrag zu Apel, er solle noch vor seinem Rücktritt das durch seine Schuld liegengebliebene Handelsabkommen mit der Sowjetunion unterzeichnen. Dieser neuerlichen Demütigung entzog sich Apel. Nach einem heftigen Streit erschoß er sich, kurz nachdem Neumann sein Büro verlassen hatte. Das geschah in den Nachmittagsstunden des 3. Dezember 1965. Es war der zweite Selbstmord eines hohen DDR-Wirtschaftsfunktionärs. 1957 hatte sich der Wirtschaftssekretär des SED-Zentralkomitees, Ziller, erschossen.
Als die Bundesrepublik Deutschland 1966 in die erste Rezession hineinglitt und Ludwig Erhard zurücktrat,

siegte in der DDR erstmalig die ökonomische Vernunft: Es gab nur noch Geld für Investitionen, die sich mit mindestens 20 Prozent verzinsten! Das war eine substantiell bedeutende Veränderung. Sie zielte darauf ab, den Nutzeffekt des DDR-Kapitals an bundesdeutsche Maßstäbe heranzuführen. Die Rückflußdauer des sozialistischen Kapitals — „Return of Investment" — sollte wie im Kapitalismus auf weniger als fünf Jahre verkürzt werden. Diese zentrale Idee ging weit über das hinaus, was Apel mit dem „Neuen Ökonomischen System" praktiziert hatte.

Zum erstenmal in der Geschichte der DDR konnten die Reformer offen erklären, daß der Weg zu technischem Höchststand und allgemeinem Wohlstand nur durch die Niederungen des kleinen ökonomischen Einmaleins führte. Alle wußten: Es war das kleine kapitalistische Einmaleins, der Vorrang des Faktors Kapital gegenüber dem Faktor Arbeit zum Wohle und zum Nutzen der arbeitenden Menschen. Kapital sollte über den technischen Fortschritt von der Arbeitslast befreien.

Bis dahin dominierten in der Staatlichen Plankommission hochqualifizierte Naturwissenschaftler und Techniker, jetzt aber begann die Hegemonie der Volkswirte und Systemtheoretiker. Nun wurde nicht mehr allein die Organisation verändert, Entscheidungskompetenzen hin und her geschoben oder lediglich die Methoden der Planung perfektioniert, jetzt veränderte sich der Inhalt des Wirtschaftens selbst. Nun wurde das Verhältnis von Gewinn zum eingesetzten Kapital zum eigentlichen Kriterium der Unternehmensführung, wie in der Bundesrepublik.

Die Generaldirektoren der gerade erst gegründeten „Vereinigungen Volkseigener Betriebe", Vorläufer der heutigen Kombinate, erhielten weitere Vollmachten, und im Herbst 1966 brachte Ulbricht zur allgemeinen Überraschung von einer Jugoslawienreise sogar die Bereitschaft mit, die jugoslawische Selbstverwaltung zu übernehmen. Doch darauf waren die Reformer weniger erpicht; denn es ging schließlich darum, die Bundesrepublik ökonomisch herauszufordern. Da konnte Jugoslawien allein schon deshalb nicht als Vorbild dienen, weil dort das Rentabilitätsprinzip gerade durch die Arbeiterselbstverwaltung stets hinter sicheren Arbeitsplätzen zurückstand.
1966 haben die SED-Funktionäre ihre kapitalistische Lektion gelernt. Der Stellenplan der Staatlichen Plankommission wurde von 1500 Mitarbeitern auf 800 verkürzt. Der neue Vorsitzende, Alfred Schürer, kam nicht einmal mehr ins Politbüro. Das war ein sichtbarer Beweis für den Autoritätsverlust der bis dahin allmächtigen Planungsbehörde. Gemessen an der gegenwärtigen Situation, bildete sich 1966/67 in der DDR über Nacht eine Reformbereitschaft heraus, die fast euphorisch war. Der Ministerrat beriet unter anderem darüber, wie die DDR-Währung konvertibel, das heißt am Weltmarkt frei austauschbar, zu machen sei. Die volkseigenen Betriebe sollten voll und ganz den rauhen Winden des Weltmarktes ausgesetzt werden, und die Auflösung des Ministeriums für Außenwirtschaft wurde ernsthaft beraten.
Wer sich in der Geschichte der kommunistischen Staatsdoktrin auskennt, der weiß, daß damit eine Säule leninistischer Doktrin, das Außenhandelsmonopol des

Staates, abgeschafft werden sollte. Die Parteiführung wollte den Betrieben Selbständigkeit für Exporte und Importe geben.

Rentabilität stellt das politische System in Frage

Doch so schnell die Reformbereitschaft entstanden war, so schnell verflog sie auch wieder. Der „Prager Frühling" signalisierte unüberhörbar, wohin ökonomische Reformen zwangsläufig führen mußten, nämlich zur allmählichen Auflösung des diktatorischen und zur Vorbereitung des demokratischen Sozialismus mit sozialistischer Marktwirtschaft.
Zuerst macht Rentabilität zentrale Planung überflüssig, weil in den Betrieben schließlich selbst entschieden werden kann, was und wie produziert wird. Danach geriet der „Demokratische Zentralismus" ins Zwielicht, also jenes Leninsche Organisationsprinzip, demzufolge Direktoren, aber auch Gewerkschafts- und Parteisekretäre immer nur von oben einzusetzen sind, statt sie nach Qualifikation an der Basis auszuwählen. Auf Dauer mußte folglich Rentabilität das gesamte politische System in Frage stellen. Als die Armeen des Warschauer Pakts in die Tschechoslowakei einmarschierten, gerieten die Wirtschaftsreformen ebenfalls ins politische Abseits. Eine nach der anderen wurde zunächst gestoppt, dann wieder rückgängig gemacht, und zwar auf russischen Druck hin. Vor allem Erich Honecker sammelte seinerzeit jene Kräfte im Parteiapparat um sich, denen die Liberalisierung der Wirt-

schaft ohnehin widerstrebte. Nachdem er Ulbricht gestürzt hatte, stellte er die Weichen wieder auf straffe, zentrale Planung — Rentabilität galt so wenig wie vordem. Es war also nur ein kurzes Zwischenspiel.

Unter Honecker kamen gleich drei Mitglieder der Staatlichen Plankommission in den Ministerrat. Sie sollten dort die neuerliche Aufwertung zentraler Planung auch personell demonstrieren und verhindern, daß jemals wieder Reformgedanken Fuß fassen konnten. Walter Ulbricht war von der zentralen, direkten Steuerung der Volkswirtschaft abgerückt, die sich vornehmlich juristisch-administrativer Methoden bediente. Er wollte eine dezentralisierte, indirekte Lenkung über den Preis, über Zins, Gewinn und Steuern mit weitgehender Selbstregulierung, was zweifellos auf eine „Sozialistische Marktwirtschaft" hinausgelaufen wäre. Honecker aber griff, weil Moskau dies so wollte, voll auf das alte Instrumentarium zurück.

Die „Bilanzierung" avancierte wieder zur Hauptmethode zentraler Planung. Um Planmäßigkeit zu wahren und Disproportionen zu vermeiden, wurden Erzeugnisse, Arbeitskräfte, Investitionen, Material und anderes wieder perfekt „bilanziert" und zentral verplant.

Auch die Organisation veränderte Honecker erneut. Aus 110 „VVB" entstanden 226 „Kombinate". Sie sind für die Bilanzierung verantwortlich — wie vordem die „VVB". Strukturpolitik wird mit Hilfe von Verflechtungsbilanzen in Gang gesetzt. Seither gibt es wieder ebenso viele zentrale Plankennziffern wie Mitte der sechziger Jahre — und rein organisatorisch funktioniert dies alles, doch ohne Rentabilität bleibt

der ökonomische Nutzeffekt einer Volkswirtschaft selbst dann auf der Strecke, wenn die Organisation stimmt.
Die Trennungslinie zwischen Marx- und Marktwirtschaft verläuft deshalb genau zwischen der Dominanz von Arbeit oder Kapital. Wie in einem Labor können die Deutschen in West und Ost verfolgen, welche Beschäftigungs-, aber auch welche Wohlstandsunterschiede entstehen, je nachdem, ob in der ökonomischen Doktrin der Faktor Arbeit oder der Faktor Kapital im Mittelpunkt aller wirtschaftlichen Überlegungen steht. Die Ergebnisse sind eindeutig: Die Bundesrepublik verdankt ihren Wohlstandsvorsprung gegenüber der DDR der weitaus höheren Produktivität, gelenkt und gesteuert durch Rentabilität, sowie dem damit zusammenhängenden sparsameren Verbrauch von Kapital und Material. Wenn Arbeit allein so wichtig wäre, dann müßte die DDR die Bundesrepublik schon längst ökonomisch überholt haben.
Eines allerdings sollten wir der DDR neidlos zugestehen. Überall dort, wo es nicht um Rentabilität geht, wo Organisation und Disziplin Trumpf sind, funktioniert sie häufig besser als die Bundesrepublik. In Verwaltung, Bildung und Gesundheit erreicht sie mit weniger Personal sowie mit einem Bruchteil unserer Sachkosten vergleichbare Leistungen — und im Sport ist sie eine Weltmacht.
Der gesamte öffentliche Bereich ist bei weitem nicht so aufgebläht wie bei uns. Es gibt keine Beamten mehr, sondern nur noch Angestellte und Arbeiter im öffentlichen Dienst mit vierzehntägiger Kündigungsfrist. Abgesehen von Ministerrat, Polizei und Staatssicher-

heit, beschäftigt die DDR vergleichsweise weniger Menschen im öffentlichen Dienst als die Bundesrepublik, im produktiven Bereich aber setzt sie prozentual mehr Menschen ein. Diese Strategie ergibt sich zwangsläufig aus der Marxschen Arbeits- und Wertlehre. Danach sind alle öffentlichen Tätigkeiten zwar gesellschaftlich notwendig, aber nicht wertschaffend im engeren ökonomischen Sinn. Vor allem deshalb sind viele DDR-Gesetze für den zivilen Bereich kurz und verständlich ausgestaltet, was durchaus sinnvoll ist; denn unnötiger bürokratischer Aufwand soll vermieden werden. Aus dieser Überlegung heraus wird auf allzu viele Einzelregelungen und Bagatellprobleme bewußt verzichtet. Dabei hebt sich die DDR von der Bundesrepublik durchaus vorteilhaft ab. Freilich, alle öffentlichen Belange, die die innere und äußere Sicherheit betreffen, handhabt sie bürokratisch-restriktiv, dort scheut sie keinen Aufwand.

Selbst rechnen kann der DDR-Ministerrat besser als bundesdeutsche Kabinette. Ostberlin verteilt die inländische Armut, ohne daß Schulden entstehen. Die gesamte öffentliche Hand der DDR ist schuldenfrei. Schulden wurden nur im Ausland gemacht. Aber was bedeuten schon 43 Mrd. Mark, verglichen mit unseren 700 Mrd. DM bei Bund, Ländern und Gemeinden, die wir zum Jahresende 1983 haben werden?

Der Sozialismus besiegt auf Dauer nur sich selbst

Auch der Deutsche Gewerkschaftsbund setzt auf den Vorrang von Arbeit und verkennt die Bedeutung von Kapital, Gewinn und Rentabilität. Er fordert zwar keine zentrale Planung und möchte durchaus nicht alles verstaatlichen, aber Rahmenplanung, Investitionslenkung und noch mehr Gemeineigentum rücken zumindest von marktwirtschaftlichen Maximen ab und nähern sich dem, was Kommunisten praktizieren. Geradezu zwangsläufig müßte das die Entwicklung von Produktivität und Wohlstand einschränken, und zwar zum Nachteil aller.

Welchen Nutzen jedoch können die Menschen aus einem Modell ziehen, das jedem mehr abverlangt, aber weniger bringt — an Wohlstand, Freizeit und Menschenwürde? Das jedem weniger politischen Freiraum einräumt und die „Selbstverwirklichung" entscheidend einengt? Das alles will der DGB zwar nicht, aber in der DDR versagte zuerst lediglich das marxistische Gedankengut in der Wirtschaft — danach mußte die „Mauer" gebaut werden.

Im Grunde verteilt der DDR-Sozialismus erheblich geringere ökonomische Ergebnisse lediglich „gleichmäßiger", das heißt, er stellt Gleichheit über Freiheit, Leistung und Leistungsgerechtigkeit. Er behindert die Leistungswilligen, schaltet das persönliche Gewinnstreben aus.

Wenn jedoch das sozialistische Prinzip des kollektiven Zusammenwirkens gegenüber der schöpferischen Initiative des einzelnen samt Wettbewerb nicht greift,

sondern die gesamtgesellschaftliche Leistung schmälert, zeichnen sich dann nicht gerade dadurch die Grenzen des Sozialismus ab?
Wenn wir das Spannungsverhältnis von Freiheit und Gleichheit so weit zugunsten der Gleichheit verschieben, daß die wirtschaftliche Effizienz verlorengeht — dann wird Freiheit zur Mangelware. Verdanken wir unsere großen individuellen Freiheitsräume nicht auch der überlegenen ökonomischen Effizienz von Marktwirtschaft und privatem Eigentum am Produktivkapital, so daß wir im Grunde der Mitbeteiligung den Vorzug vor Mitbestimmung geben müßten? Wenn sich deshalb erweist, daß sozialistische Volkswirtschaften zwar funktionieren, weil sie Vollbeschäftigung und Wachstum garantieren, aber letztlich einen geringeren ökonomischen Nutzen bringen, dann schneidet allein dies stärker in die Zukunftschancen sozialistischer Modelle ein als alle anderen Systemmängel.
Wenn die ideologisch zwingend erforderliche ökonomische Überlegenheit nicht unter Beweis gestellt wird, dann fehlt für entwickelte Industrienationen nicht nur das Motiv zur sozialistischen Revolution — dann muß im Grunde auch jede evolutionäre Entwicklung zum demokratischen Sozialismus über kurz oder lang in die gesellschaftspolitische Sackgasse führen. Wir haben das in der Bundesrepublik im Ansatz erlebt. Würden wir von Rentabilität abgehen und staatliche Planwirtschaften über die ganze Welt ausdehnen, dann reichten die begrenzten Ressourcen unserer Erde noch weniger aus. Und noch etwas lehrt uns der deutsch-deutsche Vergleich: Weil die DDR ökonomisch nicht mithalten kann, gibt es keine endgültige politische Konsolidie-

rung des Staates. Weil das sozialistische Modell die Menschen nicht ökonomisch überzeugt, gewinnt der Staat auch die Menschen politisch und ideologisch nicht!

Orwells Visionen sind in der DDR bereits Realität

Die große Kluft zwischen dem politischen Willen der Bevölkerungsmehrheit und der Staatsführung erzeugt in der DDR eine permanent anomale innenpolitische Situation. In der DDR besteht die Gefahr, daß die Bevölkerung gegen den Staat und gegen die Parteiführung rebelliert oder daß einzelne Bürger zum Attentat bereit sind. Deshalb existieren schon seit der Staatsgründung Sicherheitsvorkehrungen, die nach bundesdeutschen Maßstäben durchaus ungewöhnlich sind.
Zu einer Zeit, als bundesdeutsche Minister noch völlig schutzlos umhergingen, waren für die oberste Parteiführung der DDR schon längst außergewöhnliche Schutzmaßnahmen notwendig. Die besonders gefährdete Gruppe des Politbüros der SED wohnt seit den fünfziger Jahren nicht einfach in Ostberlin, sondern in einer geschlossenen Siedlung im Nordosten der Hauptstadt in der Nähe des Wandlitzsees. Diese Siedlung ist von einer Mauer umgeben, ständig gesichert und von besonderen Einheiten des Staatssicherheitsdienstes bewacht. Darüber wird nie berichtet, so daß die im Funktionärsjargon „Städtchen“ genannte Wohnsiedlung lediglich in der umliegenden Gegend bekannt ist. Sie besteht aus einem Villenkomplex mit eigenen Ge-

schäften, Schulen und Freizeitanlagen, der getrennt mit Strom und Wasser versorgt wird. Eher kommen Besucher in das SED-Zentralkomitee oder in das Gebäude des Ministerrates hinein als in den völlig abgeriegelten Wohnpark der obersten Parteiprominenz.
Von dort fahren Politbüro- und Regierungsmitglieder täglich nach Ostberlin in ihre Amtssitze, und zwar in großen Renault- oder Volvo-Limousinen, gardinenverhangen und kugelsicher, begleitet und geschützt außerdem von mehreren Fahrzeugen, und täglich wechselt die Fahrtroute. Der Vorsitzende des DDR-Ministerrates, Willi Stoph, fährt — über Sprechfunk angekündigt — bis in den Innenhof seines Amtssitzes und verläßt erst dort seinen Regierungswagen. Dann gelangt er über einen separaten Aufzug, der ihn von den Mitarbeitern seines Hauses isoliert, in den eigenen, noch einmal besonders gesicherten Bürotrakt, dessen Zugänge sogar innerhalb des Hauses von Angehörigen der Staatssicherheit kontrolliert und bewacht werden. Im Gegensatz dazu läßt sich ein Bundeskanzler in Bonn nicht von seinen eigenen Mitarbeitern isolieren.
Im Nebenzimmer des Vorsitzenden des Ministerrates ist eine Gruppe von Staatsschützern ständig präsent; zivil gekleidet, besteht sie aus hochtrainierten Männern zwischen 25 und 35 Jahren, deren Zuverlässigkeit über jeden Zweifel erhaben ist. Zwei bis drei davon sind während der Sitzung des Ministerrates anwesend, und sie begleiten Willi Stoph, wann immer er das Haus verläßt. Die Sicherheitsbeamten wohnen mit Familien ebenfalls im „Städtchen“ wie Prätorianer im Kaiserpalast des alten Rom.

Diese Sicherheitsvorkehrungen, die ebenso für Erich Honecker und andere Politbüromitglieder bestehen, gehen weit über das hinaus, was in Bonn üblich ist. Wenn die Spitzen der DDR-Gesellschaft die Hauptstadt verlassen, um etwa draußen in der Provinz einen Großbetrieb zu besuchen oder einen Bezirksparteisekretär, dann wird das Essen in großen Thermosbehältern mitgeführt, weil draußen im Land die Sicherheitsvorkehrungen unter dem gewohnten Hauptstadtniveau liegen.

Diese besonderen Sicherheitsmaßnahmen gelten allerdings nur für den harten Kern der DDR-Prominenz. Minister und Staatssekretäre gehören schon nicht mehr dazu. Sie wohnen meist im Regierungsviertel von Ostberlin, in Pankow, im neuen Zentrum oder am Stadtrand ohne besonderen Schutz. Diese Gruppe vom Staatssekretär an aufwärts, die mehrere hundert Leute umfaßt, unterliegt aber dennoch einer Dienstvorschrift, die im westlichen Ausland unüblich ist: Sie alle sind zum ständigen Tragen einer Dienstpistole vom Kaliber 7,65 mm verpflichtet, als persönlicher Schutz vor spontanen Angriffen aus der Bevölkerung. Die Pistole wird am Halfter unter der linken Achselhöhle getragen, im Dienst und privat; alle sechs Wochen ist Schußtraining. Diese Vorschrift, die nach dem 17. Juni 1953 eingeführt wurde, als Arbeiter gegen SED-Funktionäre und Minister vorgingen, wird strikt aufrechterhalten — für einen möglichen „Tag X".

So ist jeglicher Schußwaffenbesitz der Bevölkerung streng verboten. Er wird mit langjährigen Zuchthausstrafen geahndet. Abgesehen von einigen genossenschaftlichen Jagdkollektiven, ist die gesamte Bevölkerung seit 1945 absolut waffenlos.

Um zu verstehen, was sich in der DDR aufstaut und zusammenbraut, gehört zweierlei: die Kenntnis darüber, wie schwer die Menschen drüben vergleichsweise arbeiten und wie miserabel sie bezahlt werden, verknüpft mit einer Versorgungslage, die für Bundesbürger auch mit viel Phantasie kaum nachvollziehbar ist. Vor allem in der Provinz mangelt es an fast allem. Hinzu kommen völlige politische Rechtlosigkeit, die immer demütigender wird, und das Gefühl, eingesperrt und von der übrigen Welt isoliert zu sein. Dieser realen Lage der Bevölkerung steht ein üppiger Luxus der höchsten Funktionäre gegenüber.

Wie kraß rein finanziell heute die Gegensätze zwischen Parteiführung und Arbeitnehmern sind, zeigt der Einkommensvergleich. Er weist größere Unterschiede auf als selbst in der gewiß nicht spannungsfreien Bundesrepublik.

Der Vorsitzende des DDR-Ministerrates, Willi Stoph, hatte schon 1968 ein monatliches Bruttoeinkommen von 6000 Mark plus 3000 Mark steuerfreie Aufwandsentschädigung. Da drüben aber die Steuerprogression schon bei 20 % endet (und zwar ab 1200 Mark), zahlt Willi Stoph nur ganze 1200 Mark Lohnsteuer und, was für Bundesbürger unglaublich klingt, 60 Mark Sozialversicherung. Das ist der normale DDR-Höchstsatz. Unter der Voraussetzung, daß Willi Stoph eine freiwillige Zusatzversicherung hat, kommt er möglicherweise auf 200 Mark. Netto verbleiben ihm jedenfalls monatlich rund 7600 Mark. Das allein ist das Zehnfache des durchschnittlichen Einkommens eines Arbeitnehmers. Er wohnt in Wandlitz in einer Villa, die nach westlichen Maßstäben monatlich 3000 Mark Miete kostet. Dafür zahlt er jedoch den billigen DDR-Satz von maximal 200 Mark. Sein monatlicher Mietzuschuß macht demnach rund 2800 Mark aus.

Ausgesprochen üppig aber geht es im DDR-Ministerrat beim Essen zu. Dort existiert eine dreifache Hierarchie. Die einfachen Mitarbeiter erhalten für 1 Mark ein durchaus schmackhaftes Mittagessen und können täglich zwischen zwei Gerichten wählen. Der Zuschuß pro Essen beträgt rund 5 Mark. Die Ministerialbürokratie hat einen separaten Speiseraum. Auf der Speisekarte stehen täglich acht bis zehn Menüs, vom Filetsteak bis zur gebackenen Forelle mit allen Zutaten für 2,50 Mark. Der subventionierte Zuschuß wird 20 Mark betragen.

Vom Abteilungsleiter an aufwärts bis zum Minister wird im Kasino gegessen. Die Speisekarte hält spielend jeden Vergleich mit einem bundesdeutschen Drei-Sterne-Restaurant aus, nur die Preise fallen darunter. Sie liegen zwischen 5 und 10 Mark. Der geschätzte subventionierte tägliche Zuschuß: mindestens 40 Mark.

Für den Arbeitersohn Willi Stoph kommen folglich monatlich 800 Mark hinzu fürs Essen — so viel wie ein Facharbeiter monatlich verdient.

Darüber hinaus unterhält die Regierung Gästehäuser in Oberhof im Thüringer Wald, in Hiddensee auf der Insel Rügen, in der Schorfheide und anderswo. Dort verbringt die „Nomenklatura“ einen vom Volk ungestörten Urlaub, der zugleich noch preisgestützt ist, für 14 Tage 750 Mark. Gegenwert: 3000 Mark. Zweimal im Jahr sparen die Funktionäre dadurch 4500 Mark.

In der Bundesrepublik beträgt der durchschnittliche Jahresurlaub 29 Tage, also fünf bis sechs Wochen. In der DDR sind es durchschnittlich drei, Akademiker und Führungskräfte kommen auf vier Wochen. Die „Nomenklatura“ aber genehmigt sich vom Staatssekretär an aufwärts weitere vier Wochen zusätzlichen Urlaub pro Jahr, der in der Regel als „Kurlaub“ anfällt. Er ist kostenlos. Hier kommen pro Jahr erneut 5000 Mark zusammen.

Für Willi Stoph und Erich Honecker, der als Staatsratsvorsitzender noch über dem Ministerratsvorsitzenden steht, kommen zum Nettogehalt p. a. hinzu:

Nettogehalt	91 200 Mark
Wohnungszuschuß	33 600 Mark
Kasinozuschuß	10 000 Mark
Urlaubsersparnis	4 500 Mark
Kurlaub	5 000 Mark
	ca. 144 300 Mark

Das ist das Vierzehnfache vom Nettoeinkommen eines DDR-Arbeitnehmers. Honeckers und Stophs Nettoeinkommen entsprechen damit etwa dem des deutschen Bundeskanzlers ohne Zusatzeinkommen. Das eigentliche Problem aber ist dies: In der Bundesrepublik betragen die durchschnittlichen Nettolöhne pro Jahr für Arbeitnehmer 24 000 DM. Der Bundeskanzler hat demzufolge rund das Fünffache eines Arbeitnehmereinkommens.

Die gereizte Stimmung der DDR-Bevölkerung entsteht nicht nur aus dem erheblichen Rückstand zur Bundesrepublik oder durch die miserable Versorgungslage, sondern außerdem durch die Kluft im landeseigenen Lebensniveau. Auf „die da oben“ sind die Men-

schen stocksauer; denn sie leben so, als würde die Planwirtschaft soviel hergeben wie die Marktwirtschaft.
Nur so ist zu erklären, warum jedes Jahr Häftlinge in die Bundesrepublik verkauft werden. Dabei geht es weniger um Finanzielles, vielmehr soll verhindert werden, daß ein aktives, zum organisierten Widerstand entschlossenes Unzufriedenheitspotential heranwächst; denn die in fast 20 Jahren an die Bundesrepublik verkauften rund 20 000 politischen Häftlinge wären nach jahrelanger Kerkerhaft beim Verbleib im Land die größte Gefahr. Daraus würde sich die Keimzelle des Widerstandes herausbilden. Von der eigenen Interessenlage ausgehend, verhält sich so der Staatssicherheitsdienst durchaus rational. Einmal kassiert er jährlich rund 100 Mio. DM von der Bundesregierung, zum anderen spart er zusätzlichen Haftaufwand.
Zum vorbeugenden Schutz des Systems und seiner Funktionäre gehörten weiterhin die rigorose Verletzung und die totale Mißachtung des Postgeheimnisses. Die DDR-Mitgliedschaft im Weltpostverein ist blanker Hohn; denn der Staatssicherheitsdienst hat über die Postämter in einem vom Westen gelieferten Computer sämtliche Adressen zwischen Bundesrepublik und DDR gespeichert. Er öffnet die Post, fotokopiert, legt Akten an und überwacht den aufmüpfigen Personenkreis namentlich, genauso wie das halbe Prozent von Nichtwählern, die regelmäßig der „Wahl" fernbleiben. Nur so ist zu verstehen, was im Westen nicht begriffen wird: Jede sich herausbildende systemfeindliche Gruppe wird schon im Ansatz entdeckt, zerschlagen und inhaftiert. Dies vor allem erklärt die Zurückhaltung der Bevölkerung gegenüber den polnischen

Ereignissen. Sie hat mit untrüglichem Instinkt geahnt, wie das enden muß. Ein Lech Walesa ist in der DDR wegen des perfekten Staatsschutzes bis auf weiteres nicht möglich. Denn der Staatssicherheitsdienst stellt mit seiner allumfassenden Überwachung selbst die Gestapo in den Schatten. Orwells Visionen für 1984 sind in der DDR längst eine Realität.

Wiedervereinigung, weil die Planwirtschaft versagt!

Die deutsche Wiedervereinigung ist nicht nur ein Rechtsanspruch, zu dem uns die Verfassung verpflichtet, vor allem die Menschen in der DDR setzen darauf ihre ganze Hoffnung. Zwar gefällt den Mitteldeutschen nicht alles und jedes an der Bundesrepublik, aber das gilt bekanntlich auch für Bundesbürger. Der nationale Gedanke jedoch, die Hoffnung auf Wiedervereinigung, blieb in der DDR-Bevölkerung weit stärker erhalten als in der Bundesrepublik.
Wenn ZDF und ARD sich zur deutschen Wiedervereinigung äußern, skeptisch und voller Zweifel, dann reagieren die Menschen in beiden Teilen Deutschlands völlig unterschiedlich: im Westen mit Desinteresse, im Osten mit größter Aufmerksamkeit! Allein daran läßt sich ermessen, was die Deutschen am meisten trennt: Es ist der nationale Gedanke! Gebürtige Bayern orientieren sich nach dem Süden, wie seit tausend Jahren, und Rheinländer blicken nach dem Westen — die Mitteldeutschen aber schauen auf die Bundesrepublik Deutschland. Immer dann, wenn westdeutsche Fern-

sehmoderatoren den Mitteldeutschen einen nachlassenden Willen zur Wiedervereinigung unterstellen oder deren tatsächliche politische Grundhaltung wie ein unerhört kompliziertes Rätsel behandeln, dann wird drüben hart geurteilt. Enttäuscht heißt es dann: „Die schreiben uns ab! Die haben uns aufgegeben."

Von der SED-Führung erwarten die Menschen drüben nichts anderes als die fortlaufende Zementierung der deutschen Teilung. Bundesdeutsche Meinungen aber, die die deutsche Zweistaatlichkeit resignierend als unabwendbares Schicksal hinnehmen, rufen unter Sachsen, Preußen, Thüringern und Mecklenburgern Bitternis und Enttäuschung hervor. Denn für die meisten drüben ist die Sehnsucht nach Wiedervereinigung eine feststehende politische Größe. Daran halten sie fest — wie an einer letzten großen Hoffnung. Sie sprechen nur nicht täglich darüber.

Unter der Voraussetzung, daß die Bundesrepublik ihre frühere wirtschaftliche Dynamik zurückgewinnt, erwächst die Chance zur Wiedervereinigung jedoch überwiegend aus dem Ökonomischen. Denn wenn der bisherige Trend weitergeht, dann läuft das innerdeutsche Wohlstandsgefälle allmählich auf einen Punkt zu, der für das politische System der DDR Konsequenzen haben wird.

DDR in Relation zur Bundesrepublik

	Produktivität	*Realeinkommen*	*Sozialaufwand*	*jährliche Ersparnis*
1960	70	78	86	83
1970	55	58	43	32
1982	43	43	33	8
1990	33	33	25	5

Rechnet man diesen Verlauf vorsichtig hoch bis 1990, dann ist eine noch größere Produktivitäts- und Wohlstandslücke unvermeidbar. Sie wird eines Tages politisch nicht mehr zu überbrücken sein. Auch in Polen hatte die politische Erosion wirtschaftliche Hintergründe. Nur wer völlig realitätsfremd ist, kann diese Entwicklung, die zugleich Hoffnung und Gefahr in sich birgt, negieren. Die Chance jedenfalls, daß die DDR ohne substantielle Reform bis zum Jahr 2000 politisch überleben kann, ist minimal. Alles spricht vielmehr dafür, daß der kritische Punkt schon früher erreicht wird.

Die deutsche Frage ist allerdings fest in den Ost-West-Konflikt eingebettet. Alle Aussagen zur deutschen Wiedervereinigung sind deshalb wertlos, wenn sie die Macht und die Interessen der Sowjetunion außer Betracht lassen. Die kommunistische Führungsmacht hat jedoch den Zenit ihres weltpolitischen Einflusses überschritten. Seit geraumer Zeit wächst sie in immer kleinere ökonomische Spielräume hinein, so daß sie allmählich auf das wirtschaftliche Niveau einer Mittelmacht zurückfällt. Das wird auf Dauer auch politische und militärische Auswirkungen haben. Sie selbst unterliegt einem zunehmenden Zwang zur substantiellen Reform ihres politischen Systems. Darauf vor allem sollten wir die zukünftige Ostpolitik ausrichten und die Deutschlandpolitik damit verknüpfen.

Schon die zurückliegende Entspannungspolitik beruhte auf derartigen Überlegungen. Sie hat allerdings den Zwang zur Reform des Sowjetsystems nicht verstärkt, sondern das bestehende Regime unterstützt und damit relativ stabilisiert.

Gedanken zu einer neuen Ostpolitik

Die zurückliegende Ostpolitik beruhte auf folgenden Überlegungen: Bei geringerer Ost-West-Spannung sollte sich der Kommunismus leichter wandeln, also reformfähig werden, als durch Konfrontation, die eher eine Mentalität des Belagerungszustandes konserviert.
Durch wirtschaftliche Kooperation, Kredite, politische Verträge und Abrüstungsgespräche sollte Moskau allmählich verständigungsbereit werden. „Wandel also durch Annäherung“, gerade auch wegen der deutschen Frage, die dadurch offenbleiben sollte. Aus „Nichtbeziehungen“, wie früher zur DDR, wurden zunächst schlechte Beziehungen, später sollen daraus gute erwachsen.
Eine wesentliche geistige Grundlage dieser Strategie war die Konvergenztheorie. Diese unterstellt, daß technisch-ökonomische Sachzwänge die politische Annäherung von Ost und West auf Dauer ohnehin erzwingen. Was lag da näher, als diesen Prozeß einfach zu beschleunigen — den Osten also mit westlichen Krediten „ökonomisch heranzuholen“?
Die sozialistischen Hoffnungen allerdings gingen weiter. Die SPD setzte nämlich vor allem deshalb auf einen allmählichen Demokratisierungsprozeß innerhalb des kommunistischen Lagers, weil dieser überwiegend dem westeuropäischen demokratischen Sozialismus zugute kommen sollte. Denn reformierte Planwirtschaften mit reprivatisierten Bauern, Handwerkern und kleinen Gewerbetreibenden, mit freien Gewerkschaften, die in volkseigenen Betrieben mitbestimmen, das alles wäre schließlich eine beträchtliche Unterstüt-

zung zur sozialistischen Umgestaltung Westeuropas mit Investitionslenkung, verstaatlichten Banken und Großunternehmen. Hinzu käme die Dominanz des Faktors Arbeit gegenüber dem Kapital — also sichere Arbeitsplätze vor Rentabilität.

Dieses westeuropäische Gedankengut liegt in der Tat nicht so weit vom orthodoxen Moskauer Marxismus entfernt, als daß es eines Tages nicht zu einem „großen historischen Kompromiß" kommen könnte.

In diese Konzeption der Sozialdemokraten gehörte von vornherein immer auch eine gewisse Nachgiebigkeit gegenüber dem Osten, selbst wenn geschlossene Verträge ausgehöhlt oder gar gebrochen wurden. Denn die Entspannung sollte ja nicht gefährdet, sondern weiter ausgebaut werden.

Die Bundesregierung hat deshalb während der siebziger Jahre manche Vertragsverletzung hingenommen und darüber nachgedacht, welche weitergehenden Leistungen die Entspannung vorantreiben könnten. Günter Gaus dachte in diesem Sinne schon bis hin zur Anerkennung der DDR-Staatsbürgerschaft. Mit dem Erdgas-Röhren-Geschäft wiederum wollte Bonn die Sowjetunion ökonomisch so stark einbinden, daß Moskau kraft eigener Einsicht auf politische Abenteuer verzichtete.

Schon die weitgesteckten Hoffnungen der Ostpolitik Willy Brandts schlossen die deutsche Wiedervereinigung unter demokratisch-sozialistischem Vorzeichen ein. Vieles spricht dafür, daß westeuropäische Sozialisten ein allmähliches Zusammenrücken beider deutschen Staaten nicht nur dulden, sondern aus ideologischen Gründen sogar befürworten, zunächst mit

Österreichifizierung der DDR, später mit nationaler Wiedervereinigung.

Neben dem rein wirtschaftlichen Interesse am Sowjethandel, das alle westlichen Staaten gemeinsam haben, führte jedoch vor allem die deutsche Frage samt sozialistischer Ideologie am weitesten weg vom amerikanischen „Containment". Deshalb die Differenzen zwischen Schmidt und Reagan. Seit 1979 gibt es in den USA ein tiefgreifendes Mißtrauen, was die Reformfähigkeit der Sowjetunion betrifft.

Die zurückliegenden außenpolitischen Differenzen zwischen Bonn und Washington waren folglich keine bedeutungslosen Mißverständnisse, wie das Helmut Schmidt seinerzeit glauben machen wollte, es handelte sich vielmehr um tiefgreifende Differenzen schon im Ziel der Politik gegenüber der Sowjetunion. Daraus resultierte der Streit, wie der Ost-West-Konflikt auszutragen sei. Er berührte Methoden und Prinzipien des Vorgehens, im Kern aber die Intensität des Engagements, also die Größe des Aufwands, der zu tragen ist.

Welche Konzeption aber kann vor der Zukunft bestehen? Selbst wenn jede deutsche Ostpolitik immer auch daran zu messen ist, ob menschliche Erleichterungen die Teilung mildern, und alles nur Mögliche getan wird, den Willen der Deutschen zur Einheit der Nation zu erhalten — entscheidend bleibt, ob die westliche Strategie den Kommunismus stabilisiert oder schwächt. Das müßte die zentrale Frage sein — für Amerikaner, für europäische Sozialisten und für alle Deutschen.

Sobald wir allerdings diesen Maßstab anlegen, wird die Fehlkonstruktion der alten Ostpolitik ganz offensichtlich. Denn wenn mit 80 Mrd. Dollar westlicher Kredithilfe der ökonomische Rückstand des Warschauer Paktes nicht geringer, sondern größer wurde, dann beruhte ja schon das Kernstück der zurückliegenden Ostpolitik auf einer totalen Überschätzung der ökonomischen Chancen des Kommunismus.

Die sozialdemokratische Hoffnung aber, Moskau würde, einmal „ökonomisch herangeholt“, reformbereit werden, erweist sich heute als gedankliche Fehlkonstruktion. Denn eine ökonomisch herangeholte Sowjetunion würde den Westen zwangsläufig noch ganz anders herausfordern als mit der Besetzung Afghanistans, mit dem Warschauer Militärputsch und mit militärischer Hochrüstung, und zur Reform bestünde dann nicht die geringste Veranlassung.

Insgesamt aber war die zurückliegende ostpolitische Strategie finanziell äußerst kostspielig und dennoch politisch erfolglos. Denn abgesehen von enormen Krediten, müssen die USA gewaltig nachrüsten, verbunden mit enormen Abstrichen beim Sozialen — und den Westeuropäern steht Gleiches noch ins Haus.

Die USA jedenfalls haben ihre Lektion gelernt. Seit 1979 mußten sie ihren jährlichen Rüstungsaufwand um 25 bis 30 Mrd. Dollar aufstocken, um militärisch wieder gleichzuziehen. Dafür sind jetzt und künftig weitaus mehr finanzielle Mittel erforderlich als alle US-Firmen und Getreidefarmer je am Sowjethandel verdienen können. Nur die Westeuropäer haben diese Konsequenz noch nicht gezogen. Sie machen weiterhin Geschäfte mit dem Osten, drücken sich um die Nachrüstung und vertrauen auf den kostenlosen amerikanischen atomaren Schutzschild.

Der ständige Versuch, den Kommunismus mit westlicher Hilfe weiterhin vergeblich „ökonomisch heranholen“ zu wollen, bei gleichzeitig wachsender militärischer Bedrohung durch die „Rote Armee“, signalisiert jedoch noch etwas anderes. Es handelt sich hierbei um eine gigantische Fehlleitung riesiger Ressourcen in Ost und West — verursacht durch ein ausgesprochen stümperhaftes politisches Management in Westeuropa. Die westeuropäischen Regierungschefs drücken sich alle mehr oder weniger um ihre ureigenste Aufgabe, nämlich militärische Sicherheit und Osthandel sinnvoll zu koordinieren.

Für die fehlende Reformbereitschaft Moskaus aber gibt es derzeit nur einen Grund: Dem sowjetischen Top-Management sind ganz offensichtlich die eigenen Probleme noch nicht groß genug. Daß das so ist, dazu hat der Westen beigetragen! Ohne westliche Kredithilfe wären die kommunistischen Probleme zweifellos größer. Folglich haben wir den Kommunismus ökonomisch relativ stabilisiert und damit politisch gestützt. Oder anders ausgedrückt: Wir haben den Zeitpunkt, zu dem Moskau ohnehin über die substantielle Reform seines politischen Systems nachzudenken gezwungen ist, unnötigerweise hinausgeschoben. Der Zeitraum der Unfreiheit für Mitteldeutsche, Osteuropäer und für Russen selbst wurde verlängert, und der Wiedervereinigung kamen wir dadurch keinen Schritt näher.

Statt den Kommunismus weiterhin ökonomisch zu stützen, sollten wir vielmehr unseren ohnehin wachsenden ökonomischen Vorsprung gezielt ausbauen und unsere überlegene ökonomische Potenz zum

Hauptinstrument der Auseinandersetzung mit dem Kommunismus machen. Das würde die Vorbildfunktion von Demokratie und Marktwirtschaft noch verstärken und deren Anziehungskraft für die Völker im Osten steigern.

Sanktionen, vom Westen einheitlich als Instrument der Politik gegenüber der Sowjetunion gehandhabt, könnten dabei durchaus wirkungsvoll sein. Denn sie manövrieren die Russen mit quasi friedlichen Methoden in eine Reform hinein.

Dies wäre zugleich auch mehr als nur ein Zurückdrängen des Kommunismus, wie das die USA wollen. Es würde nämlich den Ost-West-Konflikt nicht ständig in der Schwebe halten mit einer auf Dauer unerträglichen Hochrüstung, die die Lösung weit wichtigerer Menschheitsfragen unnötig blockiert.

Selbst westeuropäische Sozialisten müßten sich im Grunde für diese Strategie engagieren. Sie bedeutet nichts anderes als die Russen zu Demokratie und Wohlstand zu befähigen, ohne daß sie zuvor noch einen Weltkrieg verlieren müßten, wie Deutsche und Japaner.

Alles in allem hat die Sowjetunion im Grunde nur noch zwei Chancen: Entweder setzt sie trotzdem alles auf die militärische Karte in der Hoffnung, daß der Westen einen Rüstungs-Wettlauf auf Dauer nicht durchhalten kann, oder aber sie muß eines Tages das eigene politische System substantiell reformieren, wenn sie im friedlichen Wettstreit der Nationen überhaupt noch mithalten will. Eine dritte Chance hat sie nicht! Den bisherigen Weg jedenfalls kann sie nicht mehr lange weiter beschreiten. Er führt immer tiefer

in die ökonomische und damit in die gesellschaftspolitische Sackgasse.
Das angestrebte kommunistische Endziel wird immer utopischer. Selbst die pragmatischen Erwartungen der Moskauer Parteispitze, man könne den Rückstand zur westlichen Produktivität wenigstens politisch und militärisch kompensieren, gehen nicht in Erfüllung. Polen beweist, daß sich die ökonomische Misere zwangsläufig zur politischen entwickelt, die selbst das Militärische tangiert. Die polnische Armee hat zu Hause beide Hände voll zu tun, als Angriffs- und Drohpotential gegen den Westen ist sie praktisch ausgefallen.

Brutto-Sozialprodukt (Milliarden Dollar)

	1960	*1970*	*1982*
USA	509	983	3060
EG	191	480	2200
Japan	43	197	1150
Sowjetunion	223	435	1100
China	40	122	450

Einen Rüstungswettlauf mit den USA aber kann die Sowjetunion nicht bestehen, und in Japan und China erwachsen ihr auf Dauer neue Konkurrenten, ökonomisch, politisch und militärisch. Seit kurzem produzieren 120 Millionen Japaner genausoviel wie 270 Millionen Sowjetbürger: Mit seiner überlegenen Technologie wird Japan in gar nicht so ferner Zeit die Sowjetunion militärisch im Fernen Osten im Schach halten.
Gerade das japanische Beispiel zeigt, wie sich das Kräfteverhältnis in der Welt ändert. Die Größe des russischen Raumes, die auf manche noch alpdruckartige

Wirkungen hat, fällt immer weniger ins Gewicht. Sobald die Weltkarte weniger den Raum, sondern die Wirtschaftskraft eines Landes zum Maßstab von Größenordnungen erhebt, ist die Sowjetunion schon heute ein relativ kleiner Machtfaktor, eingebettet zwischen dem großen westeuropäischen und dem gewaltigen pazifischen Potential der USA und Japans. Dies signalisiert schon jetzt die Grenzen der künftigen sowjetischen politischen Spielräume.

Der sowjetische Anteil an der Welt-Wirtschaftsleistung machte 1970 noch 13,2 % aus, 1982 war er auf 10 % geschrumpft. Die Quote des Warschauer Paktes aber bildete sich gar von 17,8 auf 13,6 % zurück. Wenn dieser Trend anhält — wofür alle Anzeichen sprechen —, dann wird die Sowjetunion im Jahre 1990 bestenfalls noch 7,5 % des Weltsozialprodukts erzeugen. Damit jedoch kann sie weder eine imperiale Politik finanzieren noch im Rüstungswettlauf mithalten.

Brutto-Sozialprodukt der Welt
(Anteile in Prozent)

Länder/Regionen	*1950*	*1960*	*1970*	*1982*	*1990*
Westliche Industrienationen	66,3	63,0	63,7	65,0	65,0
USA	35,2	30,0	26,7	27,0	27,0
Westeuropa	25,1	24,9	25,7	24,0	23,0
Japan	2,3	4,3	7,4	10,0	11,0
andere	3,7	3,8	3,9	4,0	4,0
Entwicklungsländer	13,6	13,8	14,2	17,0	20,0
Kommunistische Staaten	20,1	23,1	22,0	18,0	15,0
Sowjetunion	11,7	13,1	13,2	10,0	7,5
Osteuropa	4,8	5,1	4,6	3,6	3,0
China	3,1	4,0	3,3	4,0	4,0
andere	0,5	0,9	0,9	0,4	0,5

Die kommunistische Führungsmacht ist auf dem Wege zur ökonomischen Mittelmacht. Der Westen hat keine Veranlassung, das zu bedauern oder diesen Prozeß zu bremsen. Die russische Wirtschaft, die auf der Basis der marxistischen Ideologie den Vorrang des Faktors Arbeit praktiziert, also Arbeit für alle geht vor Rentabilität, muß ganz offensichtlich ihre systembegründete Untauglichkeit noch vollends offenbaren, damit die kommunistische Führungs-Equipe endlich umzudenken beginnt. Die Einsicht in unausweichliche Reformen ist vorhanden. Was fehlt, ist eine Mehrheit im Politbüro der KPdSU.
Unter der Voraussetzung also, daß das militärische Patt bleibt, könnte vor allem die überlegene Effizienz der Marktwirtschaften den Ost-West-Konflikt in historisch überschaubarer Zeit zugunsten des Westens entscheiden – wenn dieser Faktor zum Hauptinstrument westlicher Politik gegenüber der Sowjetunion wird. Damit sollten wir die deutsche Wiedervereinigung verknüpfen – denn die Fortdauer des west-östlichen Gleichgewichts zementiert auch die Teilung Deutschlands!

Zur Einheit der Nation

Alle historischen Betrachtungen, die die deutsche Teilung als vorübergehende Phase unserer nationalen Existenz beschwören, sind ebenso richtig wie notwendig, aber sie brachten uns seit 1949 keinen Schritt voran. Gleiches gilt für das Völkerrecht. Zwar haben sich alle Siegermächte des Zweiten Weltkrieges auf das Fortbestehen Deutschlands in den Grenzen von 1937 geeinigt, aber ein Resultat wurde nicht erreicht, trotz gemeinsamer Sprache und weitgehend fortbestehender kultureller Identität aller Deutschen.

Wenn eine Wiedervereinigung mit militärischen Mitteln ausscheidet — ohne Wenn und Aber —, was bleibt dann anderes als jener Treibsatz aus überlegener, marktwirtschaftlicher Potenz, verbunden mit dem humanen Ideengehalt unserer freiheitlichen Demokratie? Er allein hebt das west-östliche Gleichgewicht aus den Fugen, und wir befinden uns schon mitten in diesem Prozeß.

Beide Teile Deutschlands kommen sich näher trotz Raketenstationierung, weil Ostberlin immer stärker unter den Druck ökonomischer Sachzwänge gerät. Moskau muß diesen Prozeß, wenn auch widerwillig, absegnen. Selbst bei völlig entgegengesetzten politisch-ideologischen Interessen kann sich die Führung der SED diesem Trend nicht mehr entziehen. Zudem sorgt die sowjetische Politik dafür, daß sie das auch immer weniger will.

Noch Ende der siebziger Jahre entzog sich Ostberlin jeder allzu engen ökonomischen Verflechtung mit Bonn, wohlwissend daß damit Abhängigkeit einhergeht. Demonstrativ wurde der Außenhandel mit Österreich, Japan, Frankreich und anderen westlichen Nationen erweitert, so daß die Quote des innerdeutschen Handels schrumpfte; dann aber wurde die DDR-Führung von den ökonomischen Realitäten eingeholt; zuletzt mußte sie sich gar als Bittsteller an Bonn wenden und politisches Wohlverhalten zusagen, um an einen dringend benötigten Milliardenkredit heranzukommen. Andernfalls wäre sie gegenüber westlichen Banken zahlungsunfähig geworden. Sie hätte, wie Polen und Rumänien, vor der Weltöffentlichkeit kreditpolitisch Spießruten laufen müssen mit verheerenden Folgen für die Bonität ihrer internationalen Kreditwürdigkeit. Zu Hause aber wäre der Lebensstandard noch weiter abgesackt und das letzte Quentchen politisches Vertrauen verlorengegangen.

Erich Honecker wollte also lieber nach Canossa gehen als der eigenen Bevölkerung einzugestehen, daß die sozialistische Planwirtschaft Pleite ist. Daß ausgerechnet Franz Josef Strauß die DDR vor einem politischen Desaster bewahrt, läßt darauf schließen, daß weder Bonn noch Ostberlin an polnischen Verhältnissen zwischen Elbe und Oder interessiert sind.

Ein historischer Vergleich drängt sich auf: Nach der Niederlage der österreichischen Armee bei Königgrätz lag Wien schutzlos im Zugriff der preußischen Armee. König Wilhelm und seine Generale waren fest entschlossen, in die österreichische Hauptstadt einzumarschieren. Allein Bismarck, der über den Tag hinausdachte bis hin zur bevorstehenden Auseinandersetzung mit Frankreich, verhinderte diesen zwar menschlich verständlichen, politisch aber allzu simplen Wunsch der Militärs. Denn eine preußische Parade in Wien hätte die gedemütigten Österreicher buchstäblich an die Seite Frankreichs gedrängt — und die Bayern und Württemberger anti-preußisch gestimmt. Niemand kann heute sagen, ob Österreich 1870/71 dann stillgehalten hätte, und ob die Süddeutschen mit nach Paris gezogen wären.

Warum sollte die aus dem Wettstreit der Systeme als Sieger hervorgehende Bundesrepublik die DDR zusätzlich demütigen, deren Parteiführung ebenso wie ein Großteil der Bevölkerung ihre Hoffnung auf die Bundesrepublik setzen? Wenn wir im Interesse aller Deutschen eine Wiedervereinigung in Frieden und Freiheit anstreben, sollte Politik als Kunst des Möglichen darin bestehen, Land und Leute allmählich aus dem sowjetischen Zugriff zu lösen.

TEXTE + THESEN

GESAMTVERZEICHNIS

Politik

Böhm, Anton
Ost — West
Konfrontation oder Koexistenz?
ISBN 3-7729-5006-X

Böhm, Anton
Die Lage der Nation — moralisch
ISBN 3-7729-5016-7

Bossle, Lothar
Das Gewissen in der Politik
ISBN 3-7729-5047-7

Dalma, Rovan, Vermehren, Rasumovsky, Ramseier
Euro-Kommunismus
ISBN 3-7201-5079-8

Dittmar, Peter
Gelbe Gefahr — rote Gefahr?
ISBN 3-7729-5031-0

Fromme, Friedrich K.
Der Parlamentarier — ein Freier Beruf?
ISBN 3-7201-5103-4

Geyer, Rolf
Entspannung — Neutralität — Sicherheit
ISBN 3-7729-5005-1

Grote, Nikolaus von
Stimmen aus dem sowjetischen Untergrund
ISBN 3-7729-5017-5

Guttenberg, Karl Theo, Frhr. zu
Die neue Ostpolitik
ISBN 3-7729-5011-6

Gysling, Erich
Magnetfeld der Ungleichen
ISBN 3-7729-5055-8

Gysling, Erich
Arabiens Uhren gehen anders
ISBN 3-7201-5149-2

Hillgruber, A./Hildebrand, K.
Kalkül zwischen Macht und Ideologie
ISBN 3-7201-5125-5

Höpker, Wolfgang
Aktionsfeld Pazifik
ISBN 3-7201-5112-3

Höpker, Wolfgang
Sozialistische Internationale
ISBN 3-7201-5148-4

Kirsch, Botho
Kalter Friede — was nun?
ISBN 3-7729-5053-1

Kisielewski, Stefan
Polen — oder die Herrschaft der Dilettanten
ISBN 3-7201-5111-5

Kohl, Helmut
Hausputz hinter den Fassaden
ISBN 3-7729-5015-9

Laufer, Heinz
Bürokratisierte Demokratie
ISBN 3-7201-5157-3

Lobkowicz, Nikolaus
Marxismus und Machtergreifung
ISBN 3-7201-5101-8

Malewsky-Malewitsch, Swjatoslav
Auf Marx wird Rabatt gegeben
ISBN 3-7729-5035-3

Mayer-Tasch, Peter C.
Die Welt als Baustelle
ISBN 3-7201-5143-3

Oberreuter, Heinrich
Kann der Parlamentarismus überleben?
ISBN 3-7201-5093-3

Oberreuter, Heinrich
Übermacht der Medien
ISBN 3-7201-5144-1

Oberreuter, Heinrich
Parteien — zwischen Nestwärme und Funktionskälte
ISBN 3-7201-5165-4

Opitz, Peter
Chinas Außenpolitik
ISBN 3-7201-5089-5

Ortlieb, Heinz-Dietrich
Was wird aus Afrika?
ISBN 3-7201-5074-7

Ortlieb, Heinz-Dietrich
Vom totalitären Staat zum totalen Egoismus
ISBN 3-7201-5105-0

Pauls, Rolf F.
Rettet uns die Rüstungspolitik?
ISBN 3-7201-5152-2

Roegele, Otto B., Hrsg.
Kleine Anatomie politischer Schlagworte
ISBN 3-7729-5023-X

Roegele, Otto B.
Medienpolitik — und wie man sie macht
ISBN 3-7729-5040-X

Schulmeister, Otto
Die erschöpfte Revolution
ISBN 3-7201-5107-7

Sontheimer, Kurt
Der unbehagliche Bürger
ISBN 3-7201-5122-0

Speier, Hans
Witz und Politik
ISBN 3-7201-5058-5

Starck, Christian
Vom Grund des Grundgesetzes
ISBN 3-7201-5113-1

Ströbinger, Rudolf
Anatomie eines Staatsstreichs
ISBN 3-7201-5098-4

Ströbinger, Rudolf
Roter Kolonialismus
ISBN 3-7201-5131-X

Veen/Meissner/Domes/Kux/Mertes
Wandel im Kommunismus
ISBN 3-7201-5114-X

Wettig, Gerhard
Der Kampf um die freie Nachricht
ISBN 3-7201-5083-6

Wingen, Max
Kinder in der Industriegesellschaft — wozu?
ISBN 3-7201-5146-8

Zimmermann, Ekkart
Massen-Mobilisierung
ISBN 3-7201-5163-8

Zöller, Michael, Hrsg.
Aufklärung heute
ISBN 3-7201-5126-3

Wirtschaft

Andreae, Clemens-August
Vom Boß zum Partner
ISBN 3-7201-5154-9

Aschinger, Franz
Welt ohne Geldsystem?
ISBN 3-7201-5064-X

Emmerich, Klaus
Ist Nord-Süd-Entspannung möglich?
ISBN 3-7201-5109-3

Fischer, Guido
Der Betrieb: Institution menschlicher Ordnung
ISBN 3-7201-5062-3

Gückelhorn, Herwig
Inflation — Schicksal oder Schuld?
ISBN 3-7729-5009-4

Huppert, Walter
Sozialpolitik — Stolz der Nation
ISBN 3-7201-5145-X

Jenny, Hans
Das neue Afrika
ISBN 3-7201-5127-1

Jungblut, Michael
Je mehr er hat, je mehr er will . . .
ISBN 3-7201-5133-6

Kerber, Walter, Hrsg.
Wohlstandskriminalität
ISBN 3-7201-5078-X

Kirsch, Botho
Zwischen Marx und Murks
ISBN 3-7201-5123-9

Loch, Theo M.
Interdependenzen
ISBN 3-7201-5057-7

Neef, Fritz
Industriegesellschaft ohne Unternehmer?
ISBN 3-7729-5020-5

Obst, Werner
Reiz der Idee — Pleite der Praxis
Ein deutsch-deutscher Wirtschaftsvergleich
ISBN 3-7201-5158-1

Ortlieb, Heinz-Dietrich
Vom Volkskapitalismus zur Playboy-Demokratie
ISBN 3-7729-5049-3

Pentzlin, Heinz
Die Kinder des Wohlstands
ISBN 3-7729-5045-0

Pentzlin, Heinz
Arbeitslos — Los der Zukunft?
ISBN 3-7201-5085-2

Schaffner, Hans
Die Multinationalen
ISBN 3-7729-5050-7

Schickling, Willi
Rückwärts mit dem Fortschritt
ISBN 3-7201-5072-0

Schoeck, Helmut
Ist Leistung unanständig?
ISBN 3-7729-5013-2

Schoeck, Helmut
Umverteilung als Klassenkampf?
ISBN 3-7729-5037-X

Zeller, Willy
Die unvollendete Union
ISBN 3-7201-5092-5

Gesellschaft

Coulmas, Peter
Radio ohne Zukunft?
ISBN 3-7729-5042-6

Gritschneder, Otto
Ehescheidung in der Reform
ISBN 3-7729-5010-8

Gritschneder, Otto
Für Seelenschmerz bezahlen ...
ISBN 3-7201-5071-2

Helbing, Hanno
Dauerhaftes Provisorium
Kirche aus der Sicht eines Weltchristen
ISBN 3-7201-5070-4

Helbing, Hanno, Hrsg.
Religionsfreiheit im 20. Jahrhundert
ISBN 3-7201-5094-1

Helle, Horst J.
Familie — Zwischen Bibel und Kinsey-Report
ISBN 3-7729-5046-9

Hellmer, Joachim
Verdirbt die Gesellschaft?
ISBN 3-7201-5132-8

Höhler, Gertrud
Gesinnungskonkurrenz der Intellektuellen
ISBN 3-7201-5106-9

Hoff, Klaus
Wie modern ist konservativ heute?
ISBN 3-7729-5038-8

Jordan, Pascual
Aufbruch zur Vernunft
ISBN 3-7201-5073-9

Klose, Werner
Stafetten-Wechsel
Fünf Generationen formen unsere Welt
ISBN 3-7201-5160-3

Kühn, Evelyn
Viel Staat — doch wenig Recht
ISBN 3-7201-5137-9

Lehr, Ursula
Ist Frauenarbeit schädlich?
ISBN 3-7201-5116-6

Lenk, Hans
Eigenleistung
Plädoyer für eine positive Leistungskultur
ISBN 3-7201-5164-6

Leuenberger, Theodor
Lebenskonzepte: Brauchen wir veränderte Leitbilder?
ISBN 3-7201-5139-5

Lindner, Roland, Hrsg.
Verspielen wir die Zukunft?
Gespräche über Technik und Glück
ISBN 3-7201-5150-6

Lobkowicz, N./Hertz, A.
Am Ende aller Religion?
ISBN 3-7201-5077-1

Lübbe, Hermann
Zwischen Trend und Tradition
ISBN 3-7201-5136-0

Maier, Hans
Die Grundrechte des Menschen im modernen Staat
ISBN 3-7729-5036-1

Mast, Claudia
Aufbruch ins Paradies? Die Alternativbewegung und ihre Fragen an die Gesellschaft
ISBN 3-7201-5124-7

Mast, Claudia
Zwischen Knopf und Kabel
ISBN 3-7201-5161-1

Meier-Bergfeld, Peter
Staats(ver)diener?
ISBN 3-7201-5166-2

Meves, Christa
Antrieb — Charakter — Erziehung
ISBN 3-7201-5081-X

Noelle-Neumann, Elisabeth
Werden wir alle Proletarier?
ISBN 3-7201-5102-6

Noelle-Neumann, Elisabeth
Eine demoskopische Deutschstunde
ISBN 3-7201-5155-7

Roegele, Otto B., Hrsg.
Das dritte Alter
ISBN 3-7729-5043-4

Roegele/Beckmann
Warum unsere Kirchen leerer werden . . .
ISBN 3-7201-5082-0

Roegele, Otto B.
Was wird aus dem gedruckten Wort?
ISBN 3-7201-5099-2

Roegele, Otto B.
Neugier als Laster und Tugend
ISBN 3-7201-5142-5

Rohlinger, Rudolf
Die überschätzte Kamera
ISBN 3-7729-5041-8

Schmitz-Moormann, Karl
Menschenwürde
ISBN 3-7201-5117-4

Schult, Gerhard
Fernsehprogramme — Programmisiertes Fernsehen?
ISBN 3-7201-5087-9

Silbermann, Alphons
Der ungeliebte Jude
ISBN 3-7201-5134-4

Spann, Wolfgang
Justitia und die Ärzte
ISBN 3-7201-5115-8

Streithofen, Basilius H.
Schlüsselwort Frieden
ISBN 3-7201-5147-6

Swoboda, Helmut
Hat die Zukunft eine Zukunft?
ISBN 3-7729-5025-6

Usbeck, Ilse
Studenten-Muffel
ISBN 3-7201-5153-0

Westphalen, Friedrich Graf
Wird die Justiz unterwandert?
ISBN 3-7201-5061-5

Wilhelm, Theodor
Die Rede vom Partner
ISBN 3-7201-5129-8

Wulffen, Barbara von
Zwischen Glück und Getto
ISBN 3-7201-5128-X

Kultur/Bildung

Andreae, Hugo
Berufsbildung — Bildung der Beherrschten?
ISBN 3-7729-5034-5

Bahro/Becker/Hitpass
Abschied vom Abitur?
ISBN 3-7729-5054-X

Beckmann, Heinz
Hat das Theater ausgespielt?
ISBN 3-7729-5033-7

Betz, Werner
Aufs Maul geschaut
ISBN 3-7201-5056-9

Betz, Werner
Sprachkritik — Das Wort zwischen Kommunikation und Manipulation
ISBN 3-7201-5066-6

Betz, Werner
Verändert Sprache die Welt?
ISBN 3-7201-5097-6

Boventer, Hermann
Gebt uns die totale Schule
ISBN 3-7201-5063-1

Braunfels, Michael
Die Krankheit der verwalteten Musik
ISBN 3-7201-5065-8

Claus, Jürgen
Umweltkunst
ISBN 3-7201-5151-4

Geiger/Mai/Burghart
Der öffentlich-rechtliche Rundfunk
ISBN 3-7201-5108-5

Heckhausen, Heinz
Begabungsentfaltung für jeden
ISBN 3-7729-5019-1

Hegelheimer/Zöller
Wider die kranke Reform
ISBN 3-7201-5086-0

Heuschele, Otto
Gespräche zwischen den Generationen
ISBN 3-7201-5119-0

Hitpass, Josef
Radikale Minderheit — schweigende Mehrheit
ISBN 3-7729-5044-2

Jost, Dominik
Die Wirklichkeit des Dichters
ISBN 3-7201-5091-7

Längsfeld, Wolfgang
Ästhetik im Alltag
ISBN 3-7729-5052-3

Lübbe, Hermann
Unsere stille Kulturrevolution
ISBN 3-7201-5068-2

Lübbe, Hermann
Wissenschaftspolitik
ISBN 3-7201-5084-4

Maier, Hans
Zwischenrufe zur Bildungspolitik
ISBN 3-7729-5022-1

Maier, Hans, Hrsg.
Denkmalschutz
ISBN 3-7201-5069-0

Maier, Hans
Sprache und Politik
ISBN 3-7201-5080-1

Mensing, Wilhelm
Maulwürfe im Kulturbeet
ISBN 3-7201-5156-5

Müller, Max
Sinn-Deutungen der Geschichte
ISBN 3-7201-5075-5

Nipperdey, Thomas, Hrsg.
Hochschulen zwischen Politik und Wahrheit
ISBN 3-7201-5140-9

Reumann, Kurt
Blick ins Innere: Berichte von der akademischen Front
ISBN 3-7201-5060-7

Roellecke, Gerd
Wird das Falsche falsch studiert?
ISBN 3-7201-5118-2

Rosenberg, Alfons
W. A. Mozart
ISBN 3-7201-5076-3

Scheuch, Erwin K.
Kulturintelligenz als Machtfaktor
ISBN 3-7729-5051-5

Schmitt, Hatto H.
Vademecum für empörte Eltern
ISBN 3-7201-5096-8

Schreiber, Helene
Kommt der Realismus wieder?
ISBN 3-7729-5028-0

Seel, Wolfgang
Das anstrengende Vorbild Japan — vom Kindergarten bis zur Industrieforschung
ISBN 3-7201-5159-X

Wetterling, Horst
Die Schule als Lernfabrik
ISBN 3-7201-5104-2

Wilhelm, Theodor
Staatsschulen - Staatsbeamte
ISBN 3-7201-5110-7

Wilhelm, Theodor
Sittliche Erziehung durch politische Bildung
ISBN 3-7201-5120-4

Natur/Umwelt

Fahr, Hans J.
Raumzeitdenken
ISBN 3-7729-5039-6

Hammer, Felix
Selbstzensur für Forscher?
ISBN 3-7201-5162-X

Illies, Joachim
Nicht Tier, nicht Engel
ISBN 3-7201-5059-3

Illies, Joachim
Adolf Portmann, Jean Gebser, Johann Bachofen
Drei Kulturforscher
ISBN 3-7201-5067-4

Illies, Joachim
Der Mensch in der Schöpfung
ISBN 3-7201-5088-7

Illies, Joachim
Schöpfung oder Evolution
ISBN 3-7201-5121-2

Illies, Joachim
Theologie der Sexualität
ISBN 3-7201-5135-2

Jordan, Pascual
Wie frei sind wir?
ISBN 3-7729-5018-3

Kuhn, Wolfgang
Biologischer Materialismus
ISBN 3-7729-5032-9

Maier-Leibnitz, Heinz
An der Grenze zum Neuen
ISBN 3-7201-5090-9

Maier-Leibnitz, Heinz
Der geteilte Plato
ISBN 3-7201-5138-7

Mayrhofer, Franz
Warum sind alle unzufrieden?
ISBN 3-7201-5130-1

Meurers, Joseph
Wissen nährt Nichtwissen
ISBN 3-7729-5027-2

Steinert, Harald
Unser Planet Wasser
ISBN 3-7729-5021-3

Verhülsdonk, Eduard
Logenplatz im Universum
ISBN 3-7729-5012-4

Wunderlich, Hans Georg
Mensch und Erde
ISBN 3-7729-5024-8

Die Reihe wird fortgesetzt. Fordern Sie Sonderprospekte an:

Edition Interfrom · Zürich

Vertrieb für die Bundesrepublik Deutschland:

Verlag A. Fromm · Osnabrück